Dr. Kawashima

Gehirn Jogging

Geistig topfit in 60 Tagen

Weltbild

Titel der Originalausgabe: »TRAIN YOUR BRAIN – 60 Days to a Better Brain«

Zuerst veröffentlicht 2005 in den USA von KUMON Publishing Co., Ltd.

Deutsche Erstausgabe

Übertragung ins Deutsche: Barbara Rusch, Dr. Alex Klubertanz
Satz der deutschen Ausgabe: Dr. Alex Klubertanz, München
Illustrationen: Yasuko Toyoshima
Umschlaggestaltung: F2 Design, Augsburg
Gesamtherstellung: Offizin Andersen Nexö Leipzig GmbH, Zwenkau
Printed in the EU
ISBN 978-3-8289-5290-4

2010 2009 2008
Die letzte Jahreszahl gibt die aktuelle Lizenzausgabe an.

Einkaufen im Internet:
www.weltbild.de

Liebe Leserinnen und Leser,

als junger Wissenschaftler hatte ich eine Idee, die mir – so war ich mir sicher – zahlreiche Forschungsgelder einbringen würde. Ich wollte mit speziellen Bildgeräten herausfinden, auf welche Weise unser Gehirn am besten stimuliert wird.

Nach zwanzig Forschungsjahren habe ich, so glaube ich, die Antwort gefunden. Unser Gehirn wird am besten stimuliert, wenn wir einfache Rechenaufgaben schnell lösen und Texte vorlesen. Überraschend? Vielleicht. Doch Sie werden sehen, dass diese Aktivitäten das Gehirn wie eine Schalttafel aufleuchten lassen.

Weitere Forschungen ergaben zudem, dass diese beiden Aktivitäten sogar dazu beitragen können, geistige Klarheit zu schaffen und die Auswirkungen des Alterns auf die geistige Leistungsfähigkeit abzuwenden. Basierend auf diesen Ergebnissen verfasste ich das Arbeitsbuch *Gehirnjogging* und hoffte, damit der Hirngesundheit größere soziale Bedeutung schaffen zu können.

Das Buch wurde 2003 in Japan veröffentlicht und sofort zu einem Millionen-Bestseller. Seitdem berichteten mir Leser in zahllosen Briefen, wie die täglich ausgeführten Übungen aus meinem Buch ihr Gedächtnis und ihre Vitalität verbesserten. Das freut mich zutiefst, denn ich empfinde es als wunderbar, anderen durch meine Arbeit helfen zu können.

Ich freue mich sehr, Ihnen nun eine neue, überarbeitete Version des Gehirnjoggings auch außerhalb von Japan vorstellen zu können. Ich glaube, dass viele Leser rund um den Globus dieses Buch als äußerst hilfreich empfinden werden.

Denken Sie immer daran, dass Sie Ihr Gehirn wie Ihren Körper regelmäßig stimulieren und trainieren müssen. Das ist das Geheimnis, um geistig jung zu bleiben. Wenn Sie im Kopf wie im Herzen jung und fit bleiben möchten, wenden Sie einfach täglich einige Minuten für Ihr Gehirnjogging auf!

Mit herzlichen Grüßen

Prof. Ryuta Kawashima MD

Inhalt

Einführung

Dr. Ryuta Kawashima
Universität Tohoku

Warum soll man das Gehirn trainieren?

Dieses Arbeitsbuch soll Ihr Gehirn verjüngen und seine Leistungsfähigkeit steigern. Die Hirnfunktionen beginnen nach dem 20. Lebensjahr genau wie die Leistungsfähigkeit unserer Physis und Muskeln abzunehmen. So wie Sie Ihre physische Stärke durch regelmäßiges Training erhalten, können Sie auch Ihre geistige Leistungsfähigkeit bewahren, indem Sie Ihr Gehirn täglich fordern.

In meinem Labor habe ich Übungen für dieses Buch entwickelt, die die größten Regionen des Hirns aktivieren. Diese Übungen steigern die Zufuhr von Sauerstoff, Blut und verschiedenen Aminosäuren in den präfrontalen Cortex (Stirn- oder Frontallappen). Dadurch entwickeln sich mehr Neuronen und neuronale Verbindungen, die für ein gesundes Hirn typisch sind.

Für wen ist dieses Buch?

Erwachsene mit folgenden Symptomen:

- ★ Zunehmende Vergesslichkeit
- ★ Probleme beim Erinnern von Namen, Schreibweisen von Wörtern oder Ausdrücken von Gedanken.

Erwachsene, die Folgendes beeinflussen möchten:

- ★ Kreativität und Gedächtnis
- ★ Kommunikationsfähigkeiten
- ★ Verlangsamung des geistigen Abbaus im Alterungsprozess

Wie erhalten Sie Ihr Gehirn gesund?

Um körperlich gesund zu bleiben, müssen Sie (1) täglich trainieren, (2) gesund essen und (3) gut schlafen. Gleiches gilt für den Erhalt der geistigen Gesundheit: Sie müssen (1) Ihr Gehirn regelmäßig trainieren, (2) gesund essen und (3) gut schlafen. Als Erwachsener sind Sie selbst für Ihre tägliche Ernährung und Ihren Schlaf verantwortlich. Dieses Buch dient nur dazu, Sie auch an das tägliche Training Ihres Gehirns zu gewöhnen.

Einfache Rechenaufgaben funktionieren!

Dieses Arbeitsbuch besteht nur aus einfachen Rechenaufgaben. Vielleicht wundern Sie sich, warum Erwachsene, die in der Arbeit und im Privatleben geistig aktiv sind, solch simple Aufgaben ausführen sollen. Meine Forschungen haben jedoch ergeben, dass einfache Rechenaufgaben das Hirn effektiver stimulieren als alle anderen Aktivitäten. Zudem werden die größten Hirnregionen am besten aktiviert, wenn diese Rechnungen schnell ausgeführt werden. Deshalb habe ich diese leicht zu lösenden Aufgaben in diesem Arbeitsbuch zusammengestellt.

Die neueste Hirnforschung hat ergeben, dass Rechnen und lautes Vorlesen optimale Trainingsmethoden sind

Meine neuesten Forschungen zeigen, dass lautes Lesen, das Lösen einfacher Rechenaufgaben und Schreiben das Gehirn am effektivsten aktivieren.

Auf der rechten Seite sehen Sie Aufnahmen des Gehirns bei verschiedenen Tätigkeiten (siehe Anmerkung 1 auf S. 12). In den roten Bereichen ist ein Anstieg des regionalen zerebralen Blutflusses zu verzeichnen, in den gelben Bereichen ein Anstieg in Arealen, in denen die Hirnaktivität am stärksten ist.

Die Aufnahmen unter B und C weisen beide rote Bereiche auf, doch mit erheblichen Unterschieden. Beim schnellen Lösen von Rechenaufgaben erscheinen mehrere rote Bereiche in beiden Hirnhälften. Abbildung B zeigt, dass der hintere Teil des Hirns aktiv arbeitet. Weitere aktive Teile sind die untere Schläfenwindung, die für die Formwahrnehmung der Zahlen verantwortlich ist, das Wernicke-Areal, das für das Sprachverständnis zuständig ist, der Gyrus angularis, der Hirnbereich für das Rechnen, und – am wichtigsten – der präfrontale Cortex, das Areal des Denkens und Lernens. In Abbidung C sehen Sie, dass beim langsamen Rechnen dieselben Hirnareale arbeiten, die aktiven Bereiche jedoch kleiner sind. Überraschenderweise wird bei schwierigen Rechnungen nur ein kleiner Bereich des präfrontalen Cortex aktiviert (siehe Abbildung D).

Beim Denken und Fernsehen (siehe Abbildungen A und E) arbeiten die meisten Hirnbereiche kaum. Die Abbildungen zeigen, dass das schnelle Lösen einfacher Rechenaufgaben das Gehirn am effektivsten aktiviert.

A Beim Denken

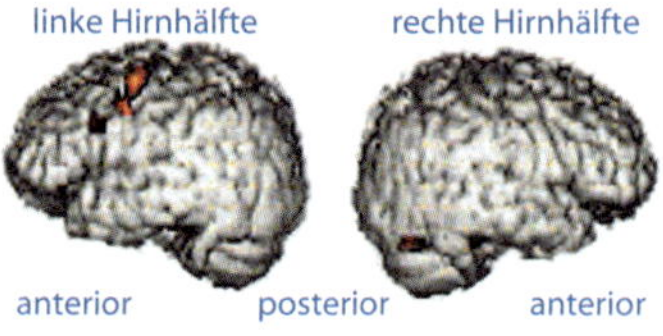

In diesem Zustand befindet sich Ihr Gehirn, wenn Sie in Gedanken versunken sind. Beachten Sie den winzigen aktiven Bereich in der linken Hirnhälfte des präfrontalen Cortex (siehe Anmerkung 2 auf S. 12).

E Beim Fernsehen

linke Hirnhälfte

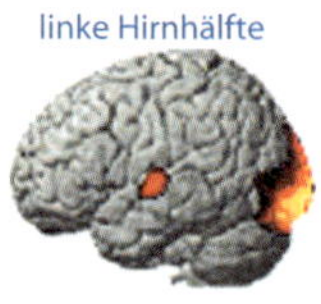

rechte Hirnhälfte

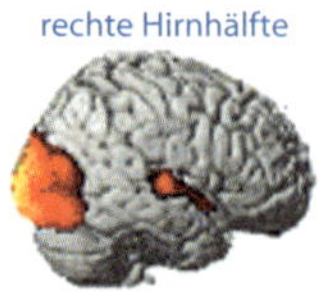

In diesem Zustand befindet sich Ihr Gehirn beim Fernsehen. Die einzig aktiven Areale in beiden Hirnhälften sind der für das Sehen zuständige Hinterhauptslappen und der zum Hören notwendige Temporallappen (siehe Anmerkung 2).

B Beim schnellen Lösen einfacher Rechenaufgaben

linke Hirnhälfte rechte Hirnhälfte

In diesem Zustand befindet sich Ihr Gehirn, wenn Sie schnell einfache Rechenaufgaben, wie sie in diesem Buch stehen, lösen. Viele Bereiche in beiden Hirnhälften sowie besonders der präfrontale Cortex sind aktiv.

C Beim langsamen Lösen einfacher Rechenaufgaben

linke Hirnhälfte rechte Hirnhälfte

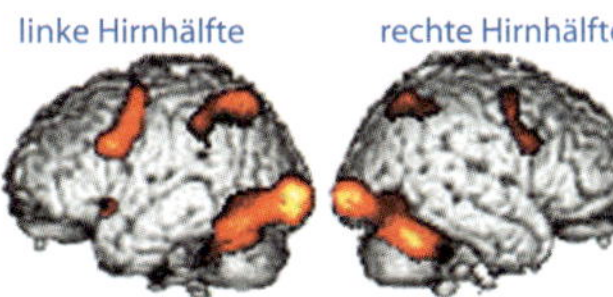

In diesem Zustand befindet sich Ihr Gehirn, wenn Sie langsam einfache Rechenaufgaben, wie sie in diesem Buch stehen, lösen. Sie sehen, dass das Gehirn beim schnellen Rechnen weitaus aktiver ist.

D Beim Lösen schwieriger Rechenaufgaben

linke Hirnhälfte rechte Hirnhälfte

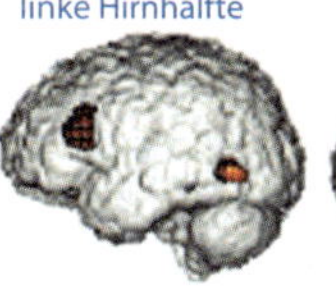

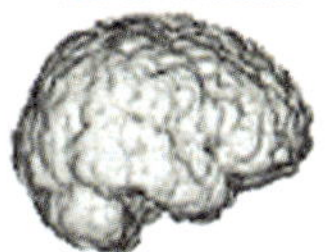

In diesem Zustand befindet sich Ihr Gehirn, wenn Sie schwierige Rechenaufgaben lösen. Ein Bereich des präfrontalen Cortex und ein Bereich der linken Hirnhälfte sind aktiv. Beachten Sie den inaktiven Zustand der rechten Hirnhälfte.

F Beim Schreiben

linke Hirnhälfte rechte Hirnhälfte

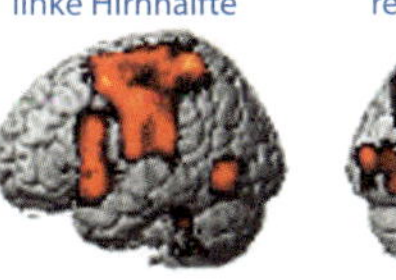

In diesem Zustand befindet sich Ihr Gehirn, wenn Sie schreiben. Achten Sie auf die starke Aktivität des präfrontalen Cortex in beiden Hirnhälften.

G Beim leisen Lesen

linke Hirnhälfte rechte Hirnhälfte

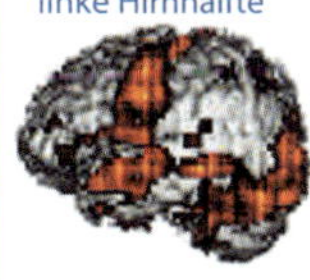

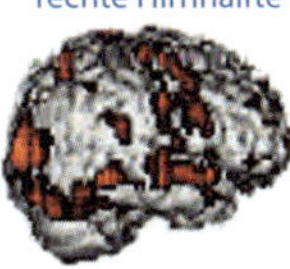

In diesem Zustand befindet sich Ihr Gehirn, wenn Sie leise lesen. In beiden Hirnhälften sind viele verschiedene Regionen aktiviert.

H Beim lauten Lesen

linke Hirnhälfte rechte Hirnhälfte

In diesem Zustand befindet sich Ihr Gehirn beim lauten Lesen. Die aktiven Areale in beiden Hirnhälften sind viel größer als in Abbildung G. Forschungen zeigten, dass das Gehirn noch aktiver wird, wenn man schneller liest.

Gehirntraining verbessert das Erinnerungsvermögen um zwanzig Prozent

Mein Forschungsteam führte eine Untersuchung an Grundschulkindern durch. Wir zählten, wie viele Wörter sich die Kinder innerhalb von zwei Minuten merken konnten – im Durchschnitt 8,3 Wörter. Als wir den Test nach einer zweiminütigen Rechenübung wiederholten, stieg der durchschnittliche Wert auf 9,8 Wörter. Unsere Ergebnisse zeigen, dass diese Übungen das Erinnerungsvermögen der Kinder um zwanzig Prozent steigerte. Die Rechenübung funktionierte wie ein Aufwärmtraining und ließ die Kinder bei dem Gedächtnistest besser abschneiden.

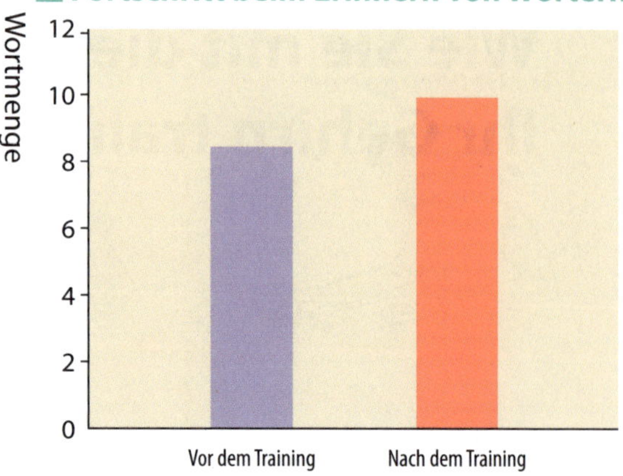

Einfache Rechenaufgaben und lautes Lesen milderten Demenzsymptome

Mein Team führte auch ein Experiment mit zwölf Alzheimer-Patienten durch. Wir gaben den Patienten eine zehnminütige Schreib- und Vorleseübung sowie eine zehnminütige Rechenübung, die sie an zwei bis fünf Tagen in der Woche ausführten. Bei Personen, die an den Rechen- und Lese-/Schreibübungen nicht teilnahmen, verschlechterte sich in den folgenden sechs Monaten die kognitiven und die Funktionen des präfrontalen Cortex. Bei Teilnehmern, die die Übungen ausführten, konnte die Verschlechterung der kognitiven Funktionen unterbunden und die Leistung des präfrontalen Cortex verbessert werden.

Dies kann als außergewöhnlicher Erfolg gesehen werden, denn der Rückgang der kognitiven Funktionen konnte bei Alzheimer-Patienten bislang nur selten verlangsamt oder vermindert werden.

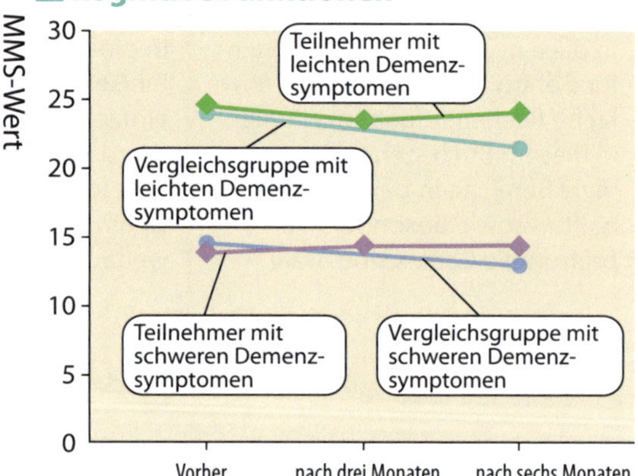

Der MMS-Tests gibt Aufschluss über kognitive Fähigkeiten wie Vergleichs- und Urteilskraft.

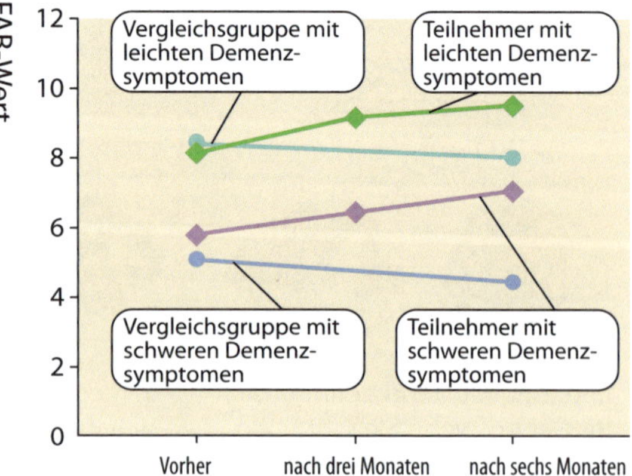

FAB-Tests lassen Rückschlüsse auf die Funktion des präfrontalen Cortex zu, indem sie Kommunikationsvermögen und Selbstkontrolle testen.

Wie Sie mit diesem Buch Ihr Gehirn trainieren

1 Prüfen Sie erst, wie gut Ihr Gehirn zurzeit arbeitet

Überprüfen Sie den Zustand Ihrer Gehirnfunktionen mit dem Test des präfrontalen Cortex vor dem Training. Informieren Sie sich in Anweisung 5 über das Testverfahren.

2 Trainieren Sie Ihr Gehirn täglich ein paar Minuten

Der allerwichtigste Faktor bei jeder Art von Training ist die Kontinuität. Idealerweise trainieren Sie Ihr Gehirn morgens, wenn es am aktivsten ist. Sie werden schon bemerkt haben, dass Sie nachmittags und abends langsamer rechnen als morgens – weil das Gehirn morgens effektiver arbeitet als zu jeder anderen Tageszeit.

Es ist auch wichtig, dass Sie vor den Rechenaufgaben essen – ansonsten erreichen Sie nur die halbe Wirkung. Führen Sie zudem Ihre Übungen am besten täglich zur gleichen Uhrzeit aus.

3 Tipps zum Programm

Lösen Sie täglich die Rechenaufgaben auf der Vorder- und Rückseite eines Arbeitsblattes. Rechnen Sie schnell, und machen Sie sich keine Sorgen, wenn Sie zuerst Fehler machen oder langsam sind. Die Auswertungen sollen nur Ihren Fortschritt aufzeichnen.

Zielzeiten für die Arbeitsblätter

Eine Minute:
Goldmedaille. Wer häufig rechnet oder Mathematik im Beruf anwendet, kann dieses Ziel wohl erreichen. Kurz gesagt dürfen Sie sich »Rechenkünstler« nennen, wenn Sie dieses Niveau erreichen.

Eineinhalb Minuten:
Silbermedaille. Mit stetem Training können Sie dieses Niveau erreichen. Wenn Sie so schnell sind, sind Ihre Rechenfähigkeiten überdurchschnittlich. Sie dürfen sich »Rechenexperte« nennen.

Zwei Minuten:
Bronzemedaille. Sie können dieses Niveau erreichen, wenn Sie es nur wirklich wollen – bitte arbeiten Sie entschieden auf dieses Ziel hin. Dann dürfen Sie sich »Rechenmeister« nennen.

4 Nach je fünf Tagen pausieren und auswerten

Bei diesem 60-tägigen Rechentrainingsprogramm lösen Sie von Montag bis einschließlich Freitag pro Tag die Rechenaufgaben auf je einem Arbeitsblatt. Am Wochenende evaluieren Sie den präfrontalen Cortex. Wer das Training am Wochenende nicht unterbrechen möchte, oder wer aus Zeitnot nicht wie empfohlen an jedem Werktag trainieren kann, sollte die Evaluierung des präfrontalen Cortex jeweils nach fünf Trainingstagen absolvieren.

Nach jeder Evaluierung verzeichnen Sie bitte die Ergebnisse in der Trainingstabelle am Ende des Anhangs. Wenn Sie die Resultate jede Woche aufzeichnen, erkennen Sie deutlich die positiven Veränderungen Ihrer Gehirnleistung (siehe Anmerkung 3 auf S. 12). Bitte trainieren Sie regelmäßig, Unterbrechungen schmälern die Ergebnisse.

5 Wie Sie den päfrontalen Cortex evaluieren

Bevor Sie Ihr Rechenprogramm beginnen, führen Sie die Evaluierung des präfrontalen Cortex vor dem Training aus. Während des Trainingsprogramms überprüfen Sie Ihren präfrontalen Cortex jeweils nach fünf Trainingstagen mit dem Test des präfrontalen Cortex auf Seite 176ff. Bitten Sie ein Familienmitglied oder einen Freund, die Zeit zu messen, die Sie für die Lösung der Aufgaben brauchen.

Zähltest

Messen Sie, wie lange Sie brauchen, um so laut und so schnell wie Sie können von 1 bis 120 zu zählen. Jede Zahl muss deutlich ausgesprochen werden. Dieser Test bewertet die allgemeine Leistung des präfrontalen Cortex sowohl in der rechten als auch der linken Hirnhälfte. Forschungen ergaben, dass die Ergebnisse solcher Zähltests eng mit den mathematischen Fähigkeiten einer Person in Verbindung stehen. Setzen Sie sich Ihre persönliche Zielzeit und versuchen Sie sie zu erreichen.

Worterinnerungstest

Sie haben zwei Minuten Zeit, um sich die 30 einfachen Wörter einer Wörterliste zu merken. Dann drehen Sie das Blatt um und schreiben alle Wörter auf, an die Sie sich erinnern. Die Anzahl der korrekt wiedergegebenen Wörter bestimmt das Ergebnis. Der Test überprüft die Aktivität des präfrontalen Cortex der linken Hirnhälfte, der mit dem Kurzzeitgedächtnis verbunden ist.

Stroop-Test

Am Ende des Buches finden Sie eine Grafik mit Farbnamen. Die Farbe, in der diese gedruckt sind, unterscheidet sich häufig von der Farbe, die sie benennen. Für den Text müssen Sie *laut den Namen der Farbe sagen,* **in der das Wort gedruckt ist**. Wenn also das Wort »Blau« rot gedruckt ist, müssen Sie »rot«, und nicht »blau« sagen. Ignorieren Sie die Bedeutung der Wörter und achten Sie nur auf die Druckfarbe.

Machen Sie sich mit Hilfe der Grafik am Anfang jedes Stroop-Tests mit dem Test vertraut. Dann fahren Sie mit dem Test fort. Messen und verzeichnen Sie die Zeit, die Sie brauchen, um alle Farben zu benennen. Dieser Test soll die allgemeine Leistung Ihres präfrontalen Cortex sowohl in der linken als auch der rechten Hirnhälfte bewerten. Es gibt keine Zielzeiten oder Ergebnisse, da sich die Testresultate je nach Person erheblich unterscheiden. Versuchen Sie sich einfach nur von Woche zu Woche zu verbessern.

Beispiel

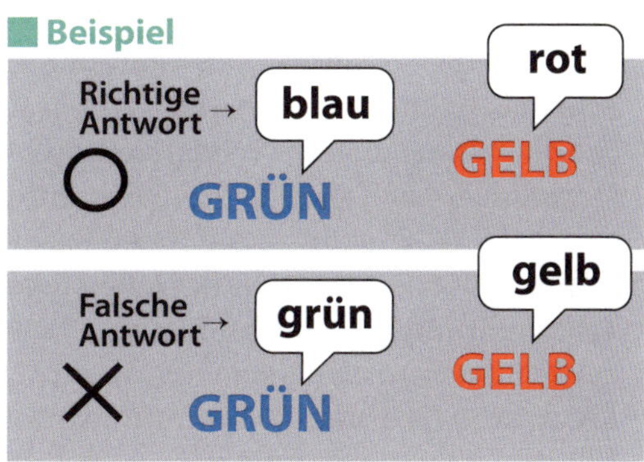

Wenn Sie einen Fehler machen, gehen Sie bitte zurück zur Fehlerstelle, und beginnen Sie dort erneut.

6 Wenn Sie das Arbeitsbuch durchgearbeitet haben...

Rechnen ist für Sie nun zur täglichen Routine geworden. Jetzt ist es wichtig, dass Sie Ihre Rechenübungen jeden Tag fortsetzen. Sobald Sie mit dem Training aufhören, wird die Leistungsfähigkeit Ihres Gehirns langsam wieder abnehmen. Fangen Sie erneut bei Tag 1 des Buches mit dem Training an.

Anmerkung 1 :

Spezielle bildgebende Verfahren stellen die Funktionen des menschlichen Gehirns dreidimensional dar, ohne den Körper oder das Hirn zu verletzen. In der Hirnforschung werden hierfür derzeit die funktionelle Magnetresonanztomographie (fMRT) und die Nahinfrarotspektroskopie (NIRS) eingesetzt.

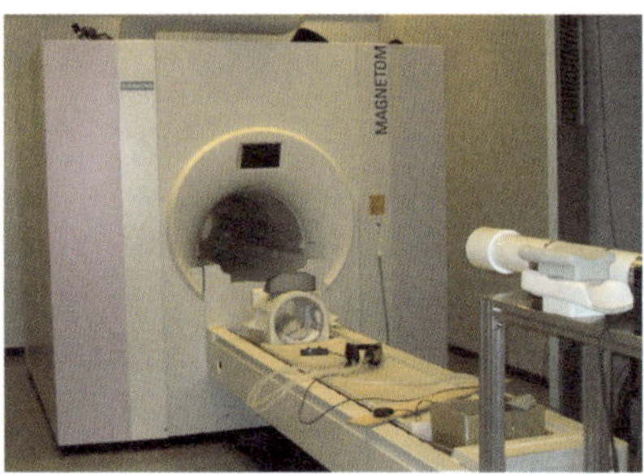

fMRT-Gerät

Anmerkung 2 :

Vier Bereiche in beiden Hirnhälften (Hirnhälften) steuern einzelne Funktionen: der Frontallappen (Motorik), der Parietal- oder Scheitellappen (Tastsinn), der Temporallappen (Hörsinn) und der Hinterhaupts- oder Occipitallappen (visuelle Wahrnehmung).

Die präfrontale Region bildet einen großen Teil des Frontallappens und ist eine Besonderheit des menschlichen Gehirns. Sie ist für Kreativität, Gedächtnis, Kommunikation und Selbstkontrolle zuständig.

Ansicht des Gehirns von der linken Seite

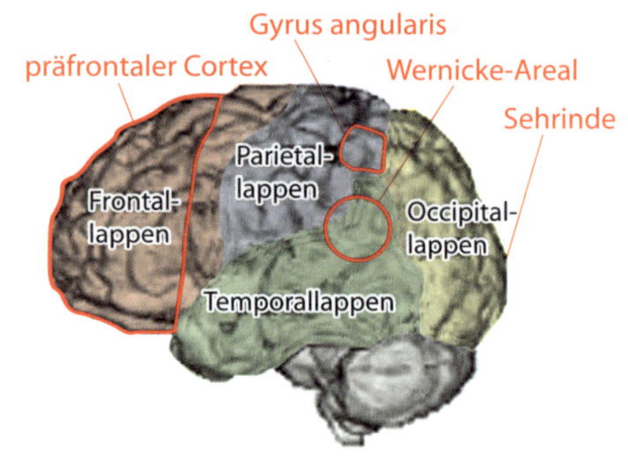

Anmerkung 3 :

Im Verlauf des Training wird sich Ihre Hirnleistung mehr oder minder stetig steigern. An einem gewissen Punkt werden Sie jedoch eine Grenze erreichen und sich wundern, warum Ihre Ergebnisse keine Verbesserung aufweisen. Wenn Sie jetzt nicht aufgeben und weiter trainieren, werden Sie einen Durchbruch erzielen und sich Ihre Resultate sprunghaft steigern. Seien Sie in dieser Phase nicht frustriert – Ihr Gehirn bereitet sich auf einen Leistungssprung vor.

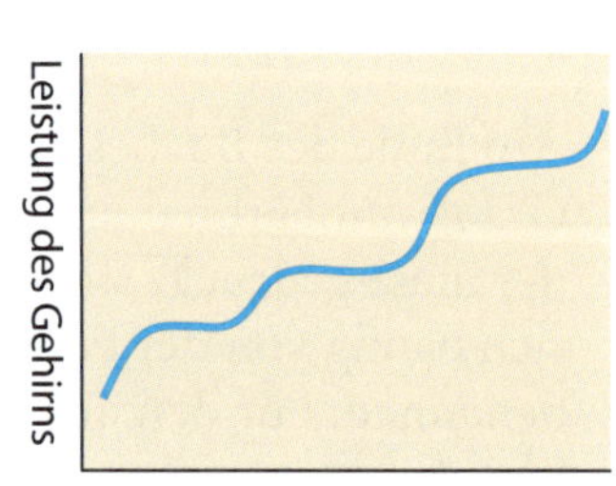

Tag 1

Bitte machen Sie vor dem Start den Test des präfrontalen Cortex (S. 173).

Datum ____ T ____ M

Start (Uhr) ____ : ____

	1 × 5 = ☐	7 − 7 = ☐
4 + 5 = ☐	7 + 6 = ☐	3 + 2 = ☐
2 × 4 = ☐	14 − 8 = ☐	3 × 6 = ☐
8 − 3 = ☐	1 + 5 = ☐	9 × 2 = ☐
3 + 8 = ☐	2 × 8 = ☐	4 + 7 = ☐
12 − 6 = ☐	16 − 7 = ☐	10 − 6 = ☐
9 × 7 = ☐	5 + 6 = ☐	9 × 8 = ☐
5 − 4 = ☐	3 − 3 = ☐	6 + 0 = ☐
6 × 4 = ☐	9 + 9 = ☐	1 + 9 = ☐
1 + 6 = ☐	2 × 3 = ☐	14 − 9 = ☐
11 − 7 = ☐	8 − 5 = ☐	11 − 4 = ☐
3 × 0 = ☐	5 × 8 = ☐	2 × 9 = ☐
9 + 1 = ☐	15 − 7 = ☐	4 − 2 = ☐
6 × 6 = ☐	2 + 9 = ☐	2 + 7 = ☐
9 × 5 = ☐	8 × 9 = ☐	4 × 6 = ☐
14 − 5 = ☐	2 + 5 = ☐	13 − 7 = ☐
8 + 3 = ☐	9 − 6 = ☐	8 + 6 = ☐

Tag 1

Benötigte Zeit ___ : ___

9 − 3 =	3 × 8 =	3 + 7 =
9 + 4 =	7 − 3 =	4 × 3 =
2 × 3 =	3 + 4 =	6 + 7 =
11 − 2 =	5 × 3 =	9 − 8 =
8 × 7 =	7 + 8 =	10 − 6 =
13 − 7 =	2 + 2 =	5 × 5 =
5 + 4 =	11 − 9 =	12 − 3 =
12 − 3 =	4 × 5 =	6 + 8 =
5 − 2 =	2 × 8 =	6 × 3 =
6 × 0 =	9 + 3 =	4 + 8 =
6 + 5 =	7 − 5 =	3 − 1 =
16 − 8 =	14 − 7 =	4 + 2 =
5 × 3 =	9 × 7 =	9 + 6 =
7 + 0 =	7 + 1 =	8 × 2 =
6 + 4 =	11 − 3 =	6 × 8 =
11 − 5 =	7 × 5 =	13 − 5 =
3 × 9 =	4 + 9 =	

Ende (Uhr) ___ : ___

Tag 2

Datum T M

Start (Uhr) :

	$7 + 6 =$	$4 \times 9 =$
$3 \times 9 =$	$13 - 7 =$	$5 + 4 =$
$11 - 7 =$	$6 \times 7 =$	$16 - 8 =$
$4 + 3 =$	$9 + 4 =$	$9 + 4 =$
$6 + 8 =$	$11 - 6 =$	$4 \times 2 =$
$3 \times 6 =$	$8 \times 0 =$	$8 - 5 =$
$5 \times 4 =$	$6 \times 8 =$	$9 + 2 =$
$8 + 9 =$	$1 + 8 =$	$6 - 6 =$
$8 - 1 =$	$12 - 3 =$	$8 \times 6 =$
$15 - 6 =$	$9 - 4 =$	$4 \times 6 =$
$1 \times 5 =$	$8 + 7 =$	$12 - 7 =$
$0 + 9 =$	$9 \times 5 =$	$2 + 4 =$
$3 \times 3 =$	$10 - 8 =$	$9 - 7 =$
$6 - 5 =$	$7 - 4 =$	$7 + 8 =$
$5 + 8 =$	$6 + 1 =$	$6 \times 2 =$
$1 + 2 =$	$7 \times 5 =$	$10 - 4 =$
$12 - 5 =$	$1 + 9 =$	$7 \times 8 =$

Tag 2

Benötigte Zeit :

$9 + 3 =$

$8 \times 2 =$

$10 - 3 =$

$2 + 5 =$

$8 - 7 =$

$9 + 8 =$

$3 \times 5 =$

$3 + 6 =$

$4 - 1 =$

$14 - 6 =$

$9 \times 9 =$

$7 - 5 =$

$4 + 0 =$

$10 - 7 =$

$8 + 5 =$

$9 + 5 =$

$3 \times 7 =$

$2 \times 3 =$

$11 - 4 =$

$4 + 6 =$

$8 \times 5 =$

$15 - 9 =$

$2 \times 7 =$

$5 + 9 =$

$7 + 1 =$

$10 - 1 =$

$3 + 4 =$

$4 \times 8 =$

$8 + 6 =$

$6 - 2 =$

$5 \times 2 =$

$9 - 3 =$

$2 \times 6 =$

$10 - 4 =$

$8 - 0 =$

$3 + 9 =$

$11 - 3 =$

$7 \times 3 =$

$2 \times 4 =$

$2 + 8 =$

$7 \times 6 =$

$12 - 4 =$

$5 + 3 =$

$6 \times 7 =$

$7 + 3 =$

$16 - 9 =$

$9 \times 9 =$

$17 - 8 =$

$8 \times 9 =$

$9 + 6 =$

Ende (Uhr) :

Tag 3

Datum T M

Start (Uhr) :

$13 - 6 =$

$7 + 4 =$

$14 - 6 =$

$3 \times 4 =$

$10 - 2 =$

$4 + 3 =$

$5 \times 7 =$

$8 + 5 =$

$8 - 4 =$

$1 + 0 =$

$8 \times 6 =$

$13 - 5 =$

$2 + 6 =$

$4 \times 5 =$

$4 - 3 =$

$8 + 7 =$

$4 + 6 =$

$8 - 8 =$

$3 \times 1 =$

$15 - 8 =$

$3 + 1 =$

$4 \times 7 =$

$9 - 6 =$

$9 + 3 =$

$6 \times 4 =$

$5 + 9 =$

$6 + 2 =$

$8 \times 6 =$

$2 + 3 =$

$3 \times 7 =$

$11 - 3 =$

$2 + 8 =$

$16 - 8 =$

$7 \times 5 =$

$11 - 2 =$

$2 \times 9 =$

$6 + 6 =$

$5 - 3 =$

$3 \times 3 =$

$7 + 6 =$

$12 - 6 =$

$2 \times 7 =$

$3 + 2 =$

$5 + 8 =$

$9 \times 7 =$

$10 - 1 =$

$3 - 1 =$

$9 + 6 =$

$2 \times 5 =$

$9 - 8 =$

Tag 3

Benötigte Zeit ___ : ___

8 × 2 =	6 − 3 =	11 − 5 =
12 − 5 =	4 + 8 =	6 × 8 =
3 + 2 =	9 × 6 =	8 + 3 =
13 − 7 =	5 + 3 =	3 + 6 =
3 × 9 =	1 × 6 =	15 − 6 =
5 + 7 =	2 + 9 =	6 + 4 =
9 − 9 =	5 × 0 =	4 × 9 =
3 × 6 =	15 − 7 =	5 − 2 =
7 × 3 =	9 + 4 =	9 + 5 =
16 − 7 =	4 × 6 =	6 × 2 =
7 + 1 =	7 × 2 =	17 − 8 =
6 + 5 =	3 × 8 =	8 + 0 =
8 − 0 =	7 + 3 =	6 × 6 =
9 + 9 =	6 − 4 =	7 + 7 =
12 − 7 =	2 × 3 =	11 − 8 =
8 × 4 =	14 − 8 =	7 × 8 =
8 − 7 =	4 + 4 =	

Ende (Uhr) ___ : ___

Tag 4

Datum T M

Start (Uhr) :

$9 + 5 =$

$10 - 5 =$

$3 \times 6 =$

$4 + 9 =$

$5 \times 4 =$

$9 - 6 =$

$0 + 8 =$

$2 \times 2 =$

$12 - 5 =$

$8 + 6 =$

$7 \times 7 =$

$3 \times 1 =$

$1 + 5 =$

$7 - 4 =$

$8 + 9 =$

$2 \times 7 =$

$8 \times 9 =$

$11 - 6 =$

$2 + 4 =$

$7 - 6 =$

$9 \times 4 =$

$14 - 6 =$

$4 + 6 =$

$5 - 1 =$

$4 + 8 =$

$7 \times 4 =$

$12 - 9 =$

$2 \times 5 =$

$8 - 6 =$

$8 + 8 =$

$4 \times 2 =$

$10 - 4 =$

$4 + 5 =$

$7 + 5 =$

$2 + 7 =$

$8 \times 4 =$

$13 - 5 =$

$3 + 7 =$

$9 - 8 =$

$9 \times 2 =$

$14 - 7 =$

$8 + 1 =$

$12 - 4 =$

$5 \times 5 =$

$3 + 4 =$

$9 - 4 =$

$15 - 7 =$

$6 \times 8 =$

$3 \times 7 =$

$8 + 5 =$

Tag 4

Benötigte Zeit ___ : ___

$6 - 2 =$ ☐	$7 + 4 =$ ☐	$11 - 5 =$ ☐
$4 \times 6 =$ ☐	$2 \times 8 =$ ☐	$7 \times 8 =$ ☐
$7 + 3 =$ ☐	$12 - 6 =$ ☐	$4 - 2 =$ ☐
$9 \times 3 =$ ☐	$1 + 8 =$ ☐	$7 + 6 =$ ☐
$15 - 8 =$ ☐	$10 - 6 =$ ☐	$9 \times 5 =$ ☐
$4 + 4 =$ ☐	$5 + 6 =$ ☐	$10 - 8 =$ ☐
$3 \times 1 =$ ☐	$9 \times 6 =$ ☐	$2 \times 6 =$ ☐
$9 + 4 =$ ☐	$7 - 3 =$ ☐	$3 + 8 =$ ☐
$14 - 5 =$ ☐	$8 + 4 =$ ☐	$16 - 9 =$ ☐
$4 \times 4 =$ ☐	$5 \times 2 =$ ☐	$9 - 8 =$ ☐
$11 - 3 =$ ☐	$8 - 1 =$ ☐	$5 \times 6 =$ ☐
$0 + 6 =$ ☐	$4 \times 7 =$ ☐	$8 + 0 =$ ☐
$9 + 9 =$ ☐	$2 + 5 =$ ☐	$9 + 7 =$ ☐
$5 \times 1 =$ ☐	$15 - 6 =$ ☐	$7 \times 6 =$ ☐
$7 \times 9 =$ ☐	$2 + 8 =$ ☐	$6 + 3 =$ ☐
$14 - 7 =$ ☐	$3 \times 6 =$ ☐	$13 - 6 =$ ☐
$5 + 9 =$ ☐	$8 - 5 =$ ☐	

Ende (Uhr) ___ : ___

Tag 5

Datum ____ T ____ M

Start (Uhr) ____ : ____

	13 − 6 =	4 + 7 =
7 − 2 =	5 × 7 =	3 + 5 =
1 + 3 =	3 + 9 =	4 × 8 =
6 × 9 =	7 × 6 =	12 − 6 =
3 × 1 =	8 − 2 =	2 + 8 =
5 + 9 =	4 + 0 =	7 − 3 =
2 × 6 =	7 + 9 =	5 + 4 =
16 − 8 =	3 × 6 =	0 × 0 =
9 + 6 =	15 − 8 =	13 − 8 =
5 − 5 =	3 + 3 =	5 × 3 =
7 × 9 =	7 + 6 =	3 + 6 =
14 − 5 =	12 − 5 =	10 − 4 =
7 − 1 =	8 × 7 =	9 − 9 =
2 × 4 =	9 − 0 =	8 + 9 =
3 + 8 =	3 × 8 =	15 − 6 =
9 × 3 =	4 × 4 =	2 × 8 =
9 + 1 =	4 + 8 =	2 + 4 =

Tag 5

Benötigte Zeit ___ : ___

$4 \times 6 =$ ☐	$2 + 5 =$ ☐	$11 - 9 =$ ☐
$2 + 9 =$ ☐	$17 - 9 =$ ☐	$7 + 7 =$ ☐
$11 - 3 =$ ☐	$7 \times 4 =$ ☐	$3 \times 2 =$ ☐
$9 \times 8 =$ ☐	$8 + 2 =$ ☐	$14 - 6 =$ ☐
$2 - 2 =$ ☐	$2 \times 8 =$ ☐	$7 \times 8 =$ ☐
$6 + 7 =$ ☐	$13 - 7 =$ ☐	$6 + 9 =$ ☐
$13 - 5 =$ ☐	$8 \times 1 =$ ☐	$7 - 5 =$ ☐
$3 + 9 =$ ☐	$4 + 4 =$ ☐	$4 + 3 =$ ☐
$4 \times 3 =$ ☐	$9 \times 6 =$ ☐	$10 - 8 =$ ☐
$5 - 4 =$ ☐	$8 + 3 =$ ☐	$9 \times 5 =$ ☐
$8 \times 9 =$ ☐	$5 \times 2 =$ ☐	$2 + 6 =$ ☐
$8 - 5 =$ ☐	$10 - 5 =$ ☐	$16 - 9 =$ ☐
$7 + 8 =$ ☐	$2 + 7 =$ ☐	$5 - 4 =$ ☐
$1 + 6 =$ ☐	$4 \times 7 =$ ☐	$6 \times 7 =$ ☐
$13 - 9 =$ ☐	$12 - 4 =$ ☐	$9 + 4 =$ ☐
$3 \times 6 =$ ☐	$6 + 8 =$ ☐	$18 - 9 =$ ☐
$5 \times 5 =$ ☐	$8 - 3 =$ ☐	

Ende (Uhr) ___ : ___

Test des präfrontalen Cortex · · · · ☐ T ☐ M  

I. Test: schnell zählen

Zählen Sie von 1 bis 120 – laut und so schnell Sie können. Notieren Sie die dafür benötigte Zeit.

☐ Sekunden

II. Test: Wörter merken

Versuchen Sie sich in zwei Minuten möglichst viele der folgenden Begriffe zu merken.

Sand	**Hoffnung**	**Grad**	**Farm**	**Tennis**	**Alter**
Eisen	**Berg**	**Blick**	**Zimmer**	**Ebene**	**Maschine**
Blut	**Chance**	**Traum**	**Subjekt**	**Lächeln**	**Muster**
Kristall	**Figur**	**Woche**	**Lärm**	**Raum**	**Ring**
Tee	**Stimme**	**Ziege**	**Karte**	**Möhre**	**Schuh**

Schreiben Sie jetzt so viele Wörter in die Felder auf der nächsten Seite, wie Sie im Gedächtnis behalten haben. An wie viele konnten Sie sich erinnern?

Anzahl der gemerkten Begriffe ☐ Wörter

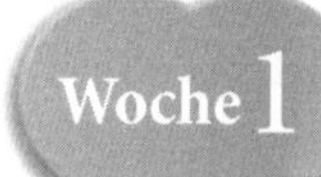

Test: Wörter merken – Antworten

III. Stroop-Test

Machen Sie den Stroop-Test für Woche 1 (siehe Seite 176).

Tag 6

Datum ☐ T ☐ M

Start (Uhr) ☐ : ☐

$8 + 2 =$ ☐

$11 - 4 =$ ☐

$2 + 5 =$ ☐

$6 \times 4 =$ ☐

$18 - 9 =$ ☐

$7 + 5 =$ ☐

$7 - 7 =$ ☐

$5 + 8 =$ ☐

$9 \times 7 =$ ☐

$6 - 4 =$ ☐

$7 \times 2 =$ ☐

$10 - 5 =$ ☐

$6 + 5 =$ ☐

$2 \times 9 =$ ☐

$8 + 0 =$ ☐

$5 - 3 =$ ☐

$7 - 2 =$ ☐

$3 + 3 =$ ☐

$4 \times 3 =$ ☐

$9 \times 3 =$ ☐

$8 + 4 =$ ☐

$16 - 7 =$ ☐

$3 \times 2 =$ ☐

$7 + 1 =$ ☐

$9 + 9 =$ ☐

$6 \times 6 =$ ☐

$14 - 6 =$ ☐

$7 \times 8 =$ ☐

$9 - 5 =$ ☐

$4 + 5 =$ ☐

$6 \times 7 =$ ☐

$11 - 2 =$ ☐

$9 + 1 =$ ☐

$4 \times 8 =$ ☐

$1 + 5 =$ ☐

$5 \times 3 =$ ☐

$5 - 0 =$ ☐

$6 + 8 =$ ☐

$12 - 7 =$ ☐

$4 \times 1 =$ ☐

$8 - 3 =$ ☐

$3 \times 7 =$ ☐

$6 + 1 =$ ☐

$10 - 9 =$ ☐

$6 \times 2 =$ ☐

$5 + 7 =$ ☐

$5 \times 9 =$ ☐

$7 \times 7 =$ ☐

$12 - 9 =$ ☐

$9 + 3 =$ ☐

Tag 6

Benötigte Zeit ___ : ___

2 × 7 = ☐	9 + 8 = ☐	6 − 5 = ☐
5 − 1 = ☐	4 × 2 = ☐	5 + 5 = ☐
1 + 4 = ☐	5 + 7 = ☐	3 × 8 = ☐
9 × 9 = ☐	9 − 3 = ☐	14 − 9 = ☐
2 + 8 = ☐	14 − 5 = ☐	8 × 2 = ☐
3 + 4 = ☐	7 × 6 = ☐	13 − 4 = ☐
11 − 8 = ☐	12 − 3 = ☐	3 + 6 = ☐
2 × 1 = ☐	1 + 9 = ☐	10 − 1 = ☐
5 × 4 = ☐	6 × 3 = ☐	8 − 6 = ☐
7 + 6 = ☐	4 + 8 = ☐	6 × 5 = ☐
6 − 6 = ☐	7 − 0 = ☐	3 + 9 = ☐
17 − 8 = ☐	4 + 2 = ☐	14 − 7 = ☐
3 × 9 = ☐	7 + 7 = ☐	6 × 8 = ☐
2 + 2 = ☐	4 × 6 = ☐	5 + 4 = ☐
15 − 8 = ☐	2 × 5 = ☐	4 + 9 = ☐
4 × 4 = ☐	11 − 9 = ☐	13 − 6 = ☐
8 + 6 = ☐	5 × 5 = ☐	

Ende (Uhr) ___ : ___

Tag 7

Datum ____ T ____ M

Start (Uhr) ☐ : ☐	$5 \times 2 =$ ☐	$5 + 7 =$ ☐
$14 - 9 =$ ☐	$6 + 1 =$ ☐	$9 \times 8 =$ ☐
$5 \times 8 =$ ☐	$11 - 6 =$ ☐	$17 - 9 =$ ☐
$9 + 3 =$ ☐	$1 + 9 =$ ☐	$5 + 2 =$ ☐
$11 - 2 =$ ☐	$9 \times 3 =$ ☐	$8 + 2 =$ ☐
$6 \times 2 =$ ☐	$8 - 7 =$ ☐	$5 \times 5 =$ ☐
$0 \times 7 =$ ☐	$6 + 5 =$ ☐	$2 \times 8 =$ ☐
$2 + 6 =$ ☐	$9 - 4 =$ ☐	$8 + 5 =$ ☐
$12 - 4 =$ ☐	$2 \times 9 =$ ☐	$9 - 8 =$ ☐
$7 - 2 =$ ☐	$5 \times 7 =$ ☐	$13 - 7 =$ ☐
$4 + 8 =$ ☐	$12 - 7 =$ ☐	$6 \times 5 =$ ☐
$2 \times 1 =$ ☐	$2 + 4 =$ ☐	$1 + 5 =$ ☐
$10 - 2 =$ ☐	$7 - 4 =$ ☐	$3 \times 2 =$ ☐
$4 - 1 =$ ☐	$3 + 9 =$ ☐	$6 - 4 =$ ☐
$3 + 2 =$ ☐	$7 \times 6 =$ ☐	$9 + 8 =$ ☐
$8 \times 3 =$ ☐	$15 - 8 =$ ☐	$4 + 5 =$ ☐
$7 + 3 =$ ☐	$4 \times 6 =$ ☐	$12 - 9 =$ ☐

Tag 7

Benötigte Zeit ___ : ___

$3 \times 5 =$		$6 - 3 =$		$9 + 7 =$	
$11 - 7 =$		$9 + 2 =$		$3 \times 0 =$	
$4 + 6 =$		$13 - 5 =$		$5 - 5 =$	
$4 \times 3 =$		$6 \times 4 =$		$7 + 0 =$	
$13 - 5 =$		$9 \times 1 =$		$16 - 7 =$	
$2 \times 4 =$		$6 + 5 =$		$5 + 8 =$	
$6 + 9 =$		$8 \times 6 =$		$9 \times 5 =$	
$1 + 7 =$		$13 - 9 =$		$6 + 2 =$	
$10 - 9 =$		$8 + 1 =$		$9 - 5 =$	
$7 + 4 =$		$9 \times 2 =$		$10 - 8 =$	
$6 \times 2 =$		$7 + 6 =$		$8 \times 7 =$	
$8 + 7 =$		$16 - 8 =$		$8 - 4 =$	
$7 - 2 =$		$7 \times 3 =$		$7 + 2 =$	
$2 \times 5 =$		$18 - 9 =$		$9 + 1 =$	
$3 - 2 =$		$4 \times 8 =$		$10 - 8 =$	
$4 \times 9 =$		$7 + 7 =$		$7 + 9 =$	
$14 - 6 =$		$4 \times 7 =$			

Ende (Uhr) ___ : ___

Tag 8

Datum T M

Start (Uhr) ____ : ____	$2 \times 5 =$	$8 + 9 =$
$7 - 4 =$	$15 - 6 =$	$12 - 3 =$
$3 \times 5 =$	$6 \times 4 =$	$7 + 5 =$
$12 - 8 =$	$4 + 9 =$	$4 \times 8 =$
$7 + 2 =$	$8 - 2 =$	$8 \times 6 =$
$4 \times 3 =$	$4 \times 9 =$	$13 - 4 =$
$1 - 1 =$	$6 + 4 =$	$1 + 8 =$
$9 + 4 =$	$11 - 7 =$	$8 \times 9 =$
$3 \times 2 =$	$6 \times 3 =$	$6 + 6 =$
$14 - 6 =$	$3 + 5 =$	$9 - 7 =$
$3 + 3 =$	$8 + 7 =$	$8 \times 5 =$
$2 \times 4 =$	$1 \times 6 =$	$9 \times 2 =$
$2 + 6 =$	$10 - 2 =$	$11 - 6 =$
$2 \times 7 =$	$4 - 3 =$	$4 + 3 =$
$14 - 8 =$	$7 + 4 =$	$3 \times 7 =$
$9 + 1 =$	$6 \times 6 =$	$5 - 3 =$
$10 - 7 =$	$8 - 6 =$	$2 + 8 =$

Tag 8

Benötigte Zeit ___ : ___

$9 - 5 =$ ☐	$13 - 9 =$ ☐	$7 \times 2 =$ ☐
$3 + 7 =$ ☐	$2 \times 0 =$ ☐	$15 - 8 =$ ☐
$1 \times 6 =$ ☐	$6 + 5 =$ ☐	$1 + 6 =$ ☐
$4 + 2 =$ ☐	$3 + 6 =$ ☐	$6 \times 2 =$ ☐
$5 \times 9 =$ ☐	$14 - 5 =$ ☐	$5 \times 8 =$ ☐
$8 + 4 =$ ☐	$4 + 7 =$ ☐	$7 + 9 =$ ☐
$9 \times 7 =$ ☐	$7 \times 5 =$ ☐	$7 - 6 =$ ☐
$14 - 6 =$ ☐	$3 - 3 =$ ☐	$4 \times 2 =$ ☐
$1 + 9 =$ ☐	$5 + 5 =$ ☐	$6 \times 8 =$ ☐
$8 \times 7 =$ ☐	$3 \times 3 =$ ☐	$15 - 9 =$ ☐
$2 \times 3 =$ ☐	$10 - 3 =$ ☐	$2 + 5 =$ ☐
$10 - 7 =$ ☐	$3 + 1 =$ ☐	$6 + 9 =$ ☐
$3 + 9 =$ ☐	$3 \times 9 =$ ☐	$9 - 3 =$ ☐
$3 - 2 =$ ☐	$5 + 7 =$ ☐	$7 + 8 =$ ☐
$6 \times 5 =$ ☐	$12 - 6 =$ ☐	$16 - 7 =$ ☐
$12 - 9 =$ ☐	$5 \times 6 =$ ☐	$7 \times 8 =$ ☐
$2 + 1 =$ ☐	$8 - 7 =$ ☐	

Ende (Uhr) ___ : ___

Tag 9

Datum ____ T ____ M

Start (Uhr) ____ : ____

	$8 + 7 =$	$5 \times 3 =$
$10 - 2 =$	$5 + 0 =$	$2 + 8 =$
$9 + 6 =$	$9 \times 4 =$	$11 - 3 =$
$4 - 1 =$	$12 - 9 =$	$4 \times 2 =$
$5 \times 6 =$	$4 + 7 =$	$1 + 9 =$
$12 - 3 =$	$9 - 0 =$	$9 \times 3 =$
$1 + 8 =$	$4 \times 7 =$	$5 - 4 =$
$7 - 2 =$	$15 - 9 =$	$5 + 2 =$
$6 + 9 =$	$6 + 3 =$	$8 \times 2 =$
$8 \times 3 =$	$12 - 5 =$	$10 - 8 =$
$11 - 4 =$	$1 \times 8 =$	$8 + 5 =$
$4 \times 5 =$	$1 + 2 =$	$4 \times 6 =$
$6 - 5 =$	$9 - 5 =$	$5 \times 9 =$
$6 + 6 =$	$15 - 7 =$	$1 + 5 =$
$4 \times 8 =$	$7 \times 4 =$	$8 - 3 =$
$13 - 8 =$	$4 \times 0 =$	$9 + 8 =$
$7 + 2 =$	$9 + 7 =$	$3 \times 7 =$

Tag 9

Benötigte Zeit ___ : ___

2 + 9 =	16 − 7 =	7 − 3 =
5 × 1 =	8 × 6 =	2 × 9 =
18 − 9 =	8 − 8 =	7 + 6 =
6 + 0 =	5 + 6 =	3 × 2 =
10 − 9 =	8 × 4 =	16 − 8 =
7 + 6 =	12 − 7 =	3 + 5 =
7 × 3 =	7 × 7 =	7 × 9 =
7 − 4 =	9 + 9 =	8 + 4 =
3 + 7 =	15 − 8 =	17 − 9 =
5 × 5 =	3 − 1 =	8 × 7 =
9 − 3 =	2 × 2 =	13 − 5 =
3 × 8 =	4 + 3 =	8 + 1 =
5 + 4 =	9 + 2 =	7 + 9 =
10 − 3 =	4 × 9 =	9 × 6 =
9 + 5 =	9 + 0 =	5 × 7 =
6 × 4 =	11 − 8 =	14 − 9 =
3 − 3 =	7 + 7 =	

Ende (Uhr) ___ : ___

Tag 10

Datum ☐ T ☐ M

Start (Uhr) ☐ : ☐

$9 \times 2 =$ ☐

$2 + 8 =$ ☐

$5 \times 7 =$ ☐

$9 - 2 =$ ☐

$3 + 0 =$ ☐

$5 + 7 =$ ☐

$4 \times 1 =$ ☐

$12 - 6 =$ ☐

$8 + 1 =$ ☐

$9 + 4 =$ ☐

$13 - 6 =$ ☐

$3 \times 7 =$ ☐

$7 - 1 =$ ☐

$5 \times 6 =$ ☐

$2 \times 6 =$ ☐

$9 + 6 =$ ☐

$8 + 5 =$ ☐

$2 + 6 =$ ☐

$9 \times 5 =$ ☐

$10 - 9 =$ ☐

$9 + 3 =$ ☐

$7 - 2 =$ ☐

$7 + 1 =$ ☐

$2 \times 6 =$ ☐

$16 - 9 =$ ☐

$4 \times 8 =$ ☐

$8 + 7 =$ ☐

$5 \times 4 =$ ☐

$9 - 8 =$ ☐

$7 + 3 =$ ☐

$10 - 5 =$ ☐

$6 \times 9 =$ ☐

$4 + 4 =$ ☐

$13 - 8 =$ ☐

$3 + 4 =$ ☐

$3 \times 9 =$ ☐

$7 \times 0 =$ ☐

$8 \times 6 =$ ☐

$1 + 9 =$ ☐

$5 \times 9 =$ ☐

$10 - 3 =$ ☐

$7 + 8 =$ ☐

$7 - 3 =$ ☐

$6 \times 3 =$ ☐

$17 - 9 =$ ☐

$3 - 1 =$ ☐

$7 \times 6 =$ ☐

$9 + 2 =$ ☐

$8 \times 4 =$ ☐

$11 - 8 =$ ☐

Tag 10

Benötigte Zeit ___ : ___

$8 + 1 =$	$11 - 2 =$	$3 \times 5 =$
$13 - 7 =$	$3 + 8 =$	$7 + 5 =$
$5 \times 2 =$	$6 \times 9 =$	$10 - 2 =$
$2 + 9 =$	$12 - 5 =$	$9 \times 8 =$
$8 \times 5 =$	$2 \times 4 =$	$8 - 8 =$
$12 - 7 =$	$8 + 9 =$	$3 + 9 =$
$4 \times 6 =$	$9 - 1 =$	$13 - 4 =$
$1 + 2 =$	$2 + 4 =$	$5 + 5 =$
$8 \times 0 =$	$14 - 8 =$	$4 \times 2 =$
$6 + 7 =$	$1 \times 9 =$	$9 - 6 =$
$7 \times 2 =$	$6 + 3 =$	$7 \times 8 =$
$16 - 8 =$	$7 + 9 =$	$7 - 7 =$
$3 + 2 =$	$6 - 2 =$	$6 + 6 =$
$6 \times 7 =$	$9 \times 4 =$	$4 + 3 =$
$18 - 9 =$	$5 + 8 =$	$11 - 5 =$
$9 + 2 =$	$11 - 4 =$	$9 \times 3 =$
$6 - 5 =$	$5 \times 5 =$	

Ende (Uhr) ___ : ___

Test des präfrontalen Cortex · · · · ☐ T ☐ M

I. Test: schnell zählen

Zählen Sie von 1 bis 120 – laut und so schnell Sie können. Notieren Sie die dafür benötigte Zeit.

☐ Sekunden

II. Test: Wörter merken

Versuchen Sie sich in zwei Minuten möglichst viele der folgenden Begriffe zu merken.

Fall	**Insel**	**Verkauf**	**gefahr**	**Blatt**	**Handtuch**
Maus	**Buch**	**Stein**	**Apfel**	**Hitze**	**Vokal**
Hund	**Glas**	**Grund**	**Kreis**	**Gas**	**Quiz**
Regal	**Freund**	**Pfirsich**	**Fels**	**Wunsch**	**Maske**
Gespräch	**Gesicht**	**Nummer**	**Suppe**	**Jahr**	**Bett**

Schreiben Sie jetzt so viele Wörter in die Felder auf der nächsten Seite, wie Sie im Gedächtnis behalten haben. An wie viele konnten Sie sich erinnern?

Anzahl der gemerkten Begriffe ☐ Wörter

Test: Wörter merken – Antworten

III. Stroop-Test

Machen Sie den Stroop-Test für Woche 2 (siehe Seite 177).

Tag 11

Datum ____ T ____ M

Start (Uhr) ____ : ____

	$8 - 8 =$	$3 \times 1 =$
$3 + 2 =$	$5 + 2 =$	$4 + 7 =$
$4 \times 9 =$	$9 \times 0 =$	$18 - 9 =$
$3 \times 6 =$	$6 - 3 =$	$3 + 4 =$
$7 + 3 =$	$7 + 4 =$	$6 \times 6 =$
$10 - 2 =$	$11 - 9 =$	$15 - 7 =$
$2 \times 9 =$	$5 \times 2 =$	$5 + 7 =$
$5 + 3 =$	$4 - 2 =$	$8 - 7 =$
$2 + 8 =$	$3 \times 2 =$	$2 \times 3 =$
$13 - 8 =$	$6 + 3 =$	$9 \times 5 =$
$12 - 9 =$	$14 - 7 =$	$9 - 4 =$
$6 \times 9 =$	$5 \times 6 =$	$3 \times 9 =$
$7 - 2 =$	$8 + 5 =$	$15 - 8 =$
$4 + 1 =$	$4 \times 9 =$	$6 + 6 =$
$4 \times 4 =$	$8 \times 9 =$	$7 \times 9 =$
$11 - 6 =$	$14 - 5 =$	$7 + 0 =$
$8 + 7 =$	$9 + 7 =$	$6 - 1 =$

Tag 11

Benötigte Zeit :

7 + 6 =	9 − 7 =	6 × 2 =
8 × 5 =	8 + 6 =	7 − 6 =
4 + 6 =	5 × 5 =	3 + 6 =
7 − 1 =	14 − 6 =	5 × 3 =
13 − 7 =	1 × 1 =	4 + 8 =
6 × 8 =	10 − 1 =	2 + 1 =
12 − 7 =	3 + 0 =	11 − 7 =
5 + 9 =	5 × 1 =	9 × 1 =
3 × 4 =	8 − 7 =	5 × 4 =
15 − 9 =	4 × 6 =	9 + 6 =
5 − 0 =	7 + 5 =	6 − 5 =
2 + 7 =	12 − 3 =	14 − 8 =
8 + 9 =	8 × 6 =	3 × 8 =
9 × 4 =	1 + 5 =	3 + 5 =
9 × 8 =	9 + 4 =	13 − 4 =
10 − 3 =	16 − 9 =	3 × 6 =
9 + 2 =	7 × 2 =	

Ende (Uhr) :

Tag 12

Datum ______ T ______ M

Start (Uhr) ____ : ____

	$5 \times 8 =$	$8 + 6 =$
$7 + 2 =$	$7 \times 8 =$	$11 - 9 =$
$11 - 5 =$	$10 - 9 =$	$8 \times 3 =$
$4 + 8 =$	$4 + 3 =$	$5 + 8 =$
$7 \times 9 =$	$8 + 9 =$	$13 - 8 =$
$9 - 4 =$	$9 \times 3 =$	$3 \times 7 =$
$4 + 6 =$	$8 \times 6 =$	$8 \times 8 =$
$6 - 2 =$	$6 + 8 =$	$9 + 0 =$
$6 \times 6 =$	$7 - 6 =$	$15 - 6 =$
$9 \times 2 =$	$12 - 7 =$	$6 - 1 =$
$16 - 7 =$	$5 \times 5 =$	$6 + 6 =$
$3 + 6 =$	$5 + 3 =$	$9 \times 7 =$
$5 - 3 =$	$7 \times 6 =$	$14 - 5 =$
$5 + 9 =$	$7 - 5 =$	$9 - 8 =$
$6 \times 8 =$	$3 + 9 =$	$3 + 4 =$
$15 - 9 =$	$1 + 7 =$	$1 \times 6 =$
$3 \times 3 =$	$10 - 1 =$	$4 + 7 =$

Tag 12

Benötigte Zeit :

$7 - 3 =$

$8 + 4 =$

$11 - 4 =$

$4 \times 2 =$

$5 \times 7 =$

$9 + 5 =$

$8 \times 7 =$

$12 - 3 =$

$8 + 0 =$

$4 \times 7 =$

$6 + 7 =$

$13 - 4 =$

$2 \times 9 =$

$11 - 8 =$

$3 \times 6 =$

$7 + 6 =$

$15 - 7 =$

$9 + 2 =$

$6 \times 5 =$

$8 - 2 =$

$1 + 4 =$

$12 - 5 =$

$4 + 9 =$

$4 \times 6 =$

$5 + 1 =$

$7 - 1 =$

$17 - 8 =$

$8 \times 5 =$

$9 - 2 =$

$1 + 6 =$

$14 - 6 =$

$4 + 8 =$

$7 + 9 =$

$0 \times 7 =$

$3 \times 9 =$

$16 - 9 =$

$1 + 9 =$

$1 \times 2 =$

$11 - 7 =$

$9 \times 8 =$

$7 + 8 =$

$5 + 4 =$

$13 - 7 =$

$3 + 1 =$

$9 \times 9 =$

$8 + 4 =$

$9 - 7 =$

$7 \times 5 =$

$4 - 4 =$

$7 \times 4 =$

Ende (Uhr) :

Tag 13

Datum T M

Start (Uhr) :

	$9 \times 9 =$	$4 + 6 =$
$10 - 3 =$	$11 - 2 =$	$7 - 3 =$
$4 \times 4 =$	$7 + 8 =$	$4 \times 0 =$
$9 + 5 =$	$8 \times 6 =$	$12 - 8 =$
$8 - 5 =$	$2 \times 5 =$	$3 + 1 =$
$2 \times 4 =$	$11 - 8 =$	$9 \times 7 =$
$8 + 3 =$	$6 + 2 =$	$1 - 1 =$
$12 - 4 =$	$3 \times 2 =$	$7 + 7 =$
$9 \times 8 =$	$8 + 5 =$	$5 \times 6 =$
$5 + 0 =$	$6 - 3 =$	$15 - 6 =$
$5 + 7 =$	$2 + 6 =$	$8 + 1 =$
$5 \times 3 =$	$4 \times 5 =$	$9 \times 5 =$
$16 - 7 =$	$14 - 8 =$	$6 + 3 =$
$9 - 8 =$	$4 + 4 =$	$1 \times 4 =$
$4 + 8 =$	$2 \times 9 =$	$12 - 9 =$
$6 \times 7 =$	$7 - 2 =$	$9 + 4 =$
$9 - 1 =$	$2 + 8 =$	$12 - 3 =$

Tag 13

Benötigte Zeit ___ : ___

11 − 5 = ☐	8 × 9 = ☐	7 − 4 = ☐
4 × 9 = ☐	13 − 5 = ☐	9 × 2 = ☐
7 + 3 = ☐	1 + 1 = ☐	2 × 3 = ☐
6 + 0 = ☐	11 − 3 = ☐	4 + 2 = ☐
17 − 9 = ☐	2 × 7 = ☐	5 × 5 = ☐
6 + 8 = ☐	5 + 5 = ☐	6 + 4 = ☐
1 × 5 = ☐	8 − 4 = ☐	7 × 9 = ☐
9 − 3 = ☐	5 × 4 = ☐	12 − 6 = ☐
8 + 4 = ☐	3 × 6 = ☐	7 + 5 = ☐
6 × 2 = ☐	10 − 6 = ☐	4 × 7 = ☐
10 − 1 = ☐	3 + 2 = ☐	2 × 0 = ☐
3 + 4 = ☐	8 + 9 = ☐	14 − 9 = ☐
8 × 8 = ☐	9 − 5 = ☐	6 + 7 = ☐
8 + 7 = ☐	9 + 7 = ☐	6 − 3 = ☐
10 − 9 = ☐	15 − 8 = ☐	5 × 7 = ☐
6 × 8 = ☐	7 × 3 = ☐	13 − 8 = ☐
2 + 2 = ☐	8 − 0 = ☐	

Ende (Uhr) ___ : ___

Tag 14

Datum T M

Start (Uhr) :

$2 + 6 =$

$7 \times 2 =$

$16 - 9 =$

$5 + 5 =$

$9 - 1 =$

$9 \times 7 =$

$11 - 8 =$

$3 + 4 =$

$10 - 2 =$

$4 \times 7 =$

$1 + 0 =$

$8 - 7 =$

$12 - 3 =$

$8 \times 6 =$

$5 \times 7 =$

$2 + 9 =$

$4 + 7 =$

$6 + 8 =$

$14 - 8 =$

$1 \times 6 =$

$9 + 3 =$

$9 \times 9 =$

$5 - 5 =$

$5 + 1 =$

$0 \times 3 =$

$10 - 8 =$

$7 + 8 =$

$8 \times 7 =$

$9 \times 3 =$

$6 + 3 =$

$7 - 7 =$

$8 + 6 =$

$4 \times 3 =$

$2 \times 8 =$

$17 - 8 =$

$6 + 5 =$

$9 - 6 =$

$3 \times 4 =$

$15 - 7 =$

$5 + 0 =$

$3 - 1 =$

$5 + 9 =$

$2 \times 6 =$

$14 - 6 =$

$3 \times 3 =$

$7 - 5 =$

$7 + 9 =$

$6 \times 9 =$

$17 - 9 =$

$7 + 1 =$

Tag 14

Benötigte Zeit ____ : ____

$17 - 8 =$ ☐	$7 - 1 =$ ☐	$5 + 7 =$ ☐
$9 \times 2 =$ ☐	$4 \times 6 =$ ☐	$5 \times 9 =$ ☐
$8 - 3 =$ ☐	$9 + 2 =$ ☐	$10 - 4 =$ ☐
$4 + 9 =$ ☐	$7 \times 8 =$ ☐	$2 + 2 =$ ☐
$5 \times 3 =$ ☐	$13 - 5 =$ ☐	$4 \times 9 =$ ☐
$16 - 7 =$ ☐	$1 + 5 =$ ☐	$8 + 5 =$ ☐
$5 \times 6 =$ ☐	$3 \times 9 =$ ☐	$8 \times 9 =$ ☐
$4 + 8 =$ ☐	$8 + 4 =$ ☐	$7 - 2 =$ ☐
$11 - 6 =$ ☐	$12 - 7 =$ ☐	$8 + 9 =$ ☐
$4 - 3 =$ ☐	$2 \times 9 =$ ☐	$6 \times 8 =$ ☐
$8 \times 4 =$ ☐	$12 - 4 =$ ☐	$8 - 2 =$ ☐
$1 + 7 =$ ☐	$5 + 3 =$ ☐	$3 \times 8 =$ ☐
$6 + 4 =$ ☐	$3 + 7 =$ ☐	$2 + 4 =$ ☐
$7 \times 1 =$ ☐	$8 \times 2 =$ ☐	$11 - 9 =$ ☐
$6 + 2 =$ ☐	$8 \times 8 =$ ☐	$7 + 7 =$ ☐
$13 - 7 =$ ☐	$15 - 7 =$ ☐	$4 \times 8 =$ ☐
$9 - 0 =$ ☐	$7 + 6 =$ ☐	

Ende (Uhr) ____ : ____

Tag 15

Datum ____ T ____ M

Start (Uhr) ☐ : ☐

$5 + 2 =$ ☐

$7 \times 3 =$ ☐

$12 - 8 =$ ☐

$3 + 9 =$ ☐

$3 - 3 =$ ☐

$2 + 4 =$ ☐

$2 \times 5 =$ ☐

$17 - 9 =$ ☐

$1 \times 1 =$ ☐

$1 + 4 =$ ☐

$12 - 3 =$ ☐

$9 - 8 =$ ☐

$8 + 8 =$ ☐

$10 - 4 =$ ☐

$5 \times 9 =$ ☐

$3 + 3 =$ ☐

$6 + 6 =$ ☐

$8 - 0 =$ ☐

$3 + 6 =$ ☐

$3 \times 8 =$ ☐

$5 \times 7 =$ ☐

$5 + 6 =$ ☐

$6 \times 0 =$ ☐

$12 - 9 =$ ☐

$7 + 9 =$ ☐

$1 - 1 =$ ☐

$4 \times 9 =$ ☐

$15 - 9 =$ ☐

$3 - 2 =$ ☐

$9 \times 8 =$ ☐

$4 + 9 =$ ☐

$6 \times 5 =$ ☐

$14 - 9 =$ ☐

$11 - 3 =$ ☐

$8 \times 5 =$ ☐

$9 + 5 =$ ☐

$2 \times 3 =$ ☐

$9 - 1 =$ ☐

$4 + 5 =$ ☐

$5 + 7 =$ ☐

$7 \times 6 =$ ☐

$11 - 7 =$ ☐

$7 + 2 =$ ☐

$6 + 5 =$ ☐

$10 - 1 =$ ☐

$9 \times 7 =$ ☐

$8 - 6 =$ ☐

$7 \times 4 =$ ☐

$4 \times 4 =$ ☐

$8 + 6 =$ ☐

Tag 15

Benötigte Zeit ____ : ____

11 − 2 =	3 × 3 =	2 + 7 =
4 + 7 =	7 + 6 =	10 − 5 =
6 × 4 =	10 − 2 =	9 × 6 =
13 − 7 =	3 × 5 =	5 + 5 =
9 × 4 =	3 − 1 =	9 × 6 =
9 + 8 =	4 + 6 =	13 − 4 =
7 − 6 =	17 − 8 =	8 × 2 =
5 + 4 =	6 + 9 =	2 + 0 =
12 − 6 =	5 × 0 =	4 × 3 =
6 × 6 =	9 − 2 =	7 + 8 =
3 + 5 =	9 × 1 =	6 × 6 =
9 + 4 =	4 × 6 =	16 − 8 =
4 − 2 =	8 + 9 =	4 + 1 =
3 × 9 =	3 + 4 =	5 × 8 =
5 + 8 =	15 − 8 =	18 − 9 =
13 − 6 =	3 × 2 =	8 + 3 =
7 − 5 =	7 × 8 =	

Ende (Uhr) ____ : ____

Test des präfrontalen Cortex • • • •

 T 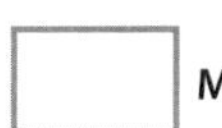 M 

I. Test: schnell zählen

Zählen Sie von 1 bis 120 – laut und so schnell Sie können. Notieren Sie die dafür benötigte Zeit.

Sekunden

II. Test: Wörter merken

Versuchen Sie sich in zwei Minuten möglichst viele der folgenden Begriffe zu merken.

Brot	**Größe**	**Wechsel**	**See**	**Kopf**	**Mond**
Faktor	**Hirsch**	**Uhr**	**Schiff**	**Junge**	**Traube**
Tisch	**Straße**	**Plastik**	**Eis**	**Spaß**	**Name**
Himmel	**Glocke**	**Stand**	**Vorhang**	**Stück**	**König**
Essen	**Lehrer**	**Ohr**	**Farmer**	**Belag**	**Addresse**

Schreiben Sie jetzt so viele Wörter in die Felder auf der nächsten Seite, wie Sie im Gedächtnis behalten haben. An wie viele konnten Sie sich erinnern?

Anzahl der gemerkten Begriffe 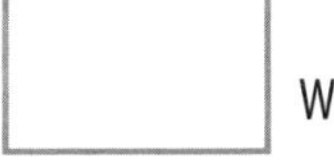 Wörter

Test: Wörter merken – Antworten

III. Stroop-Test

Machen Sie den Stroop-Test für Woche 3 (siehe Seite 178).

Tag 16

Datum T M

Start (Uhr) :

$3 + 2 =$

$7 - 7 =$

$3 \times 8 =$

$15 - 8 =$

$4 \times 9 =$

$3 + 9 =$

$8 - 4 =$

$1 \times 5 =$

$2 \times 6 =$

$12 - 5 =$

$7 \times 9 =$

$2 + 8 =$

$8 \times 4 =$

$5 + 0 =$

$11 - 6 =$

$5 + 8 =$

$4 \times 7 =$

$11 - 3 =$

$2 + 4 =$

$1 + 9 =$

$14 - 6 =$

$8 \times 2 =$

$9 + 1 =$

$6 - 1 =$

$7 + 9 =$

$8 - 5 =$

$6 \times 4 =$

$6 + 6 =$

$10 - 1 =$

$4 \times 3 =$

$6 \times 6 =$

$4 + 0 =$

$7 - 3 =$

$8 + 1 =$

$0 \times 9 =$

$8 - 7 =$

$9 \times 4 =$

$4 + 8 =$

$8 + 7 =$

$3 \times 5 =$

$15 - 7 =$

$9 + 3 =$

$10 - 2 =$

$9 - 6 =$

$9 \times 9 =$

$12 - 9 =$

$7 + 2 =$

$7 \times 6 =$

$17 - 8 =$

$4 + 7 =$

Tag 16

Benötigte Zeit ___ : ___

7 − 4 = ☐	3 × 3 = ☐	3 + 6 = ☐
5 × 9 = ☐	9 − 8 = ☐	8 × 5 = ☐
8 + 5 = ☐	6 + 1 = ☐	9 + 6 = ☐
15 − 9 = ☐	4 × 4 = ☐	6 − 2 = ☐
1 × 7 = ☐	7 + 6 = ☐	14 − 7 = ☐
11 − 5 = ☐	3 × 4 = ☐	5 + 5 = ☐
8 + 0 = ☐	11 − 8 = ☐	3 × 7 = ☐
14 − 5 = ☐	4 + 4 = ☐	6 + 5 = ☐
4 − 4 = ☐	9 × 1 = ☐	4 × 8 = ☐
5 × 2 = ☐	4 + 9 = ☐	7 + 8 = ☐
5 + 5 = ☐	14 − 8 = ☐	5 − 4 = ☐
12 − 7 = ☐	9 × 7 = ☐	10 − 6 = ☐
6 × 3 = ☐	8 − 5 = ☐	9 + 2 = ☐
4 + 3 = ☐	7 + 1 = ☐	8 × 6 = ☐
13 − 7 = ☐	16 − 7 = ☐	7 × 2 = ☐
4 + 5 = ☐	7 × 5 = ☐	10 − 4 = ☐
6 × 9 = ☐	8 + 6 = ☐	

Ende (Uhr) ___ : ___

Tag 17

Datum T M

Start (Uhr) :

	11 − 4 =	7 × 2 =
9 × 7 =	9 + 7 =	4 + 4 =
3 + 6 =	8 × 6 =	13 − 6 =
15 − 8 =	4 + 7 =	1 + 9 =
8 + 7 =	13 − 5 =	0 × 6 =
5 × 6 =	2 × 8 =	8 − 7 =
6 × 2 =	3 + 5 =	8 + 3 =
5 + 5 =	4 × 6 =	3 − 3 =
7 − 4 =	7 + 8 =	3 × 5 =
2 × 7 =	8 − 6 =	9 × 1 =
14 − 8 =	12 − 4 =	5 + 3 =
1 + 3 =	9 × 8 =	12 − 8 =
7 × 4 =	10 − 5 =	6 + 9 =
6 + 5 =	6 − 3 =	5 × 5 =
11 − 9 =	5 + 1 =	9 − 6 =
6 + 3 =	9 × 3 =	14 − 6 =
7 × 7 =	2 + 9 =	3 × 6 =

Tag 17

Benötigte Zeit ___ : ___

$4 + 7 =$ ☐	$1 \times 2 =$ ☐	$12 - 4 =$ ☐
$6 \times 9 =$ ☐	$14 - 5 =$ ☐	$8 + 4 =$ ☐
$3 + 4 =$ ☐	$7 + 3 =$ ☐	$6 - 3 =$ ☐
$9 - 3 =$ ☐	$5 \times 7 =$ ☐	$5 \times 3 =$ ☐
$3 - 0 =$ ☐	$9 \times 4 =$ ☐	$3 - 1 =$ ☐
$9 + 4 =$ ☐	$10 - 3 =$ ☐	$9 + 9 =$ ☐
$3 \times 9 =$ ☐	$3 + 8 =$ ☐	$8 \times 3 =$ ☐
$5 - 2 =$ ☐	$11 - 5 =$ ☐	$11 - 3 =$ ☐
$4 + 5 =$ ☐	$8 + 1 =$ ☐	$6 + 2 =$ ☐
$5 \times 4 =$ ☐	$7 \times 5 =$ ☐	$12 - 8 =$ ☐
$16 - 8 =$ ☐	$7 \times 6 =$ ☐	$6 \times 7 =$ ☐
$9 - 7 =$ ☐	$8 + 6 =$ ☐	$7 + 6 =$ ☐
$1 + 2 =$ ☐	$6 - 2 =$ ☐	$8 \times 4 =$ ☐
$12 - 9 =$ ☐	$2 + 2 =$ ☐	$13 - 4 =$ ☐
$5 + 7 =$ ☐	$8 \times 5 =$ ☐	$9 \times 2 =$ ☐
$4 \times 5 =$ ☐	$10 - 5 =$ ☐	$4 + 6 =$ ☐
$8 + 9 =$ ☐	$3 \times 8 =$ ☐	

Ende (Uhr) ___ : ___

Tag 18

Datum ____ T ____ M

Start (Uhr) ____ : ____

	$4 \times 7 =$	$16 - 7 =$
$14 - 7 =$	$7 + 4 =$	$7 - 3 =$
$7 + 7 =$	$5 - 1 =$	$2 \times 2 =$
$6 \times 4 =$	$16 - 8 =$	$9 + 6 =$
$9 \times 7 =$	$3 + 6 =$	$9 - 4 =$
$2 + 6 =$	$3 \times 3 =$	$7 \times 4 =$
$14 - 9 =$	$4 + 8 =$	$15 - 6 =$
$5 \times 3 =$	$7 - 0 =$	$6 + 7 =$
$8 - 3 =$	$9 \times 6 =$	$9 \times 5 =$
$8 + 1 =$	$11 - 2 =$	$3 + 5 =$
$4 + 9 =$	$6 \times 5 =$	$8 + 6 =$
$7 \times 2 =$	$7 + 5 =$	$9 \times 1 =$
$12 - 5 =$	$2 \times 7 =$	$17 - 8 =$
$1 + 0 =$	$6 + 3 =$	$8 \times 4 =$
$4 - 4 =$	$10 - 1 =$	$3 + 7 =$
$3 \times 6 =$	$5 + 2 =$	$5 - 4 =$
$9 + 3 =$	$14 - 6 =$	$8 \times 2 =$

Tag 18

Benötigte Zeit ___ : ___

$8 \times 9 =$		$3 + 2 =$		$11 - 4 =$	
$11 - 5 =$		$6 + 5 =$		$2 \times 5 =$	
$8 - 6 =$		$6 \times 3 =$		$5 + 6 =$	
$1 + 9 =$		$9 - 9 =$		$7 + 1 =$	
$7 \times 8 =$		$8 + 8 =$		$7 \times 9 =$	
$2 + 5 =$		$1 \times 3 =$		$7 + 8 =$	
$9 - 8 =$		$4 + 7 =$		$10 - 8 =$	
$8 \times 1 =$		$13 - 9 =$		$9 - 7 =$	
$15 - 7 =$		$2 + 7 =$		$4 + 6 =$	
$8 \times 6 =$		$8 \times 7 =$		$3 \times 8 =$	
$8 + 3 =$		$2 \times 6 =$		$17 - 9 =$	
$7 - 2 =$		$14 - 8 =$		$6 \times 5 =$	
$6 + 0 =$		$9 + 4 =$		$9 \times 9 =$	
$9 + 5 =$		$5 + 1 =$		$5 + 9 =$	
$10 - 3 =$		$7 \times 7 =$		$10 - 6 =$	
$6 \times 6 =$		$13 - 4 =$		$4 \times 8 =$	
$16 - 9 =$		$5 - 3 =$			

Ende (Uhr) ___ : ___

Tag 19

Datum T M

Start (Uhr) :

	$3 \times 9 =$	$9 + 2 =$
$3 + 8 =$	$10 - 1 =$	$9 \times 2 =$
$7 + 0 =$	$9 + 8 =$	$3 + 4 =$
$1 \times 6 =$	$6 - 6 =$	$12 - 6 =$
$6 + 4 =$	$2 \times 3 =$	$5 + 9 =$
$9 \times 8 =$	$14 - 5 =$	$7 \times 5 =$
$5 - 5 =$	$5 + 3 =$	$3 - 2 =$
$16 - 8 =$	$8 + 5 =$	$13 - 5 =$
$3 \times 6 =$	$6 - 3 =$	$8 + 1 =$
$13 - 9 =$	$9 \times 3 =$	$13 - 8 =$
$5 + 6 =$	$16 - 9 =$	$7 \times 9 =$
$4 \times 6 =$	$1 \times 7 =$	$9 \times 4 =$
$4 \times 3 =$	$9 + 9 =$	$9 - 7 =$
$1 + 5 =$	$8 - 2 =$	$11 - 4 =$
$8 \times 2 =$	$2 + 4 =$	$8 \times 5 =$
$6 + 6 =$	$12 - 5 =$	$3 + 2 =$
$5 - 3 =$	$6 \times 6 =$	$7 + 9 =$

Tag 19

Benötigte Zeit ___ : ___

$2 - 1 =$	$5 \times 5 =$	$14 - 9 =$
$9 + 0 =$	$9 + 1 =$	$6 \times 4 =$
$9 \times 5 =$	$18 - 9 =$	$8 + 2 =$
$10 - 6 =$	$8 \times 3 =$	$5 - 2 =$
$3 \times 2 =$	$17 - 8 =$	$5 \times 8 =$
$7 + 2 =$	$8 + 5 =$	$11 - 8 =$
$2 \times 1 =$	$4 + 2 =$	$9 - 5 =$
$4 + 9 =$	$8 - 3 =$	$5 + 8 =$
$14 - 6 =$	$5 \times 9 =$	$2 \times 5 =$
$3 \times 3 =$	$2 + 9 =$	$12 - 9 =$
$3 + 5 =$	$7 - 3 =$	$7 \times 6 =$
$4 + 6 =$	$6 \times 8 =$	$5 + 4 =$
$15 - 7 =$	$3 + 1 =$	$7 + 5 =$
$6 \times 5 =$	$10 - 3 =$	$2 \times 7 =$
$12 - 8 =$	$8 + 9 =$	$10 - 5 =$
$4 \times 9 =$	$6 - 4 =$	$4 + 8 =$
$3 + 9 =$	$4 \times 7 =$	

Ende (Uhr) ___ : ___

Tag 20

Datum ☐ T ☐ M

Start (Uhr) ☐ : ☐

	13 − 5 = ☐	8 + 6 = ☐
4 − 1 = ☐	7 × 3 = ☐	5 + 4 = ☐
6 + 2 = ☐	4 + 8 = ☐	9 × 5 = ☐
5 + 5 = ☐	5 × 3 = ☐	13 − 6 = ☐
3 × 8 = ☐	1 × 8 = ☐	3 + 7 = ☐
9 − 5 = ☐	6 + 9 = ☐	8 − 7 = ☐
4 × 0 = ☐	5 − 2 = ☐	6 × 3 = ☐
11 − 6 = ☐	6 × 9 = ☐	2 + 7 = ☐
8 + 7 = ☐	10 − 6 = ☐	10 − 9 = ☐
2 × 5 = ☐	8 + 1 = ☐	4 × 8 = ☐
4 × 3 = ☐	4 + 7 = ☐	11 − 4 = ☐
18 − 9 = ☐	16 − 9 = ☐	7 + 9 = ☐
5 − 3 = ☐	9 × 3 = ☐	6 − 5 = ☐
9 × 4 = ☐	6 − 0 = ☐	8 + 8 = ☐
3 + 9 = ☐	2 × 4 = ☐	4 + 3 = ☐
12 − 8 = ☐	2 × 7 = ☐	6 × 5 = ☐
9 × 7 = ☐	2 + 1 = ☐	15 − 8 = ☐

Tag 20

Benötigte Zeit :

$2 + 9 =$

$13 - 9 =$

$4 \times 6 =$

$5 - 3 =$

$8 \times 4 =$

$9 + 6 =$

$12 - 9 =$

$5 + 7 =$

$3 \times 4 =$

$6 - 2 =$

$2 \times 9 =$

$8 - 5 =$

$4 + 6 =$

$3 \times 2 =$

$8 \times 9 =$

$3 + 5 =$

$17 - 8 =$

$4 \times 3 =$

$5 + 1 =$

$18 - 9 =$

$6 + 5 =$

$6 \times 8 =$

$3 \times 7 =$

$1 + 2 =$

$14 - 7 =$

$9 + 5 =$

$2 \times 6 =$

$7 \times 4 =$

$12 - 6 =$

$2 + 4 =$

$8 \times 6 =$

$14 - 9 =$

$9 + 7 =$

$9 - 5 =$

$10 - 8 =$

$5 + 6 =$

$7 \times 9 =$

$12 - 5 =$

$4 \times 2 =$

$6 + 7 =$

$8 - 8 =$

$1 + 6 =$

$10 - 2 =$

$9 + 0 =$

$11 - 5 =$

$9 + 8 =$

$9 - 3 =$

$4 \times 7 =$

$8 + 2 =$

$6 \times 7 =$

Ende (Uhr) :

Test des präfrontalen Cortex • • • •  T M 

I. Test: schnell zählen

Zählen Sie von 1 bis 120 – laut und so schnell Sie können. Notieren Sie die dafür benötigte Zeit.

Sekunden

II. Test: Wörter merken

Versuchen Sie sich in zwei Minuten möglichst viele der folgenden Begriffe zu merken.

Diät	**Code**	**Frühling**	**Aal**	**Boden**	**Herz**
Farbe	**Magnet**	**Wasser**	**Tomate**	**Siegel**	**Gold**
Basis	**Krone**	**Nichts**	**Insekt**	**Typ**	**Straße**
Linie	**Lied**	**Projekt**	**Deckel**	**Orange**	**Spieler**
Welt	**Mitglied**	**Region**	**Sommer**	**Ritt**	**Börse**

Schreiben Sie jetzt so viele Wörter in die Felder auf der nächsten Seite, wie Sie im Gedächtnis behalten haben. An wie viele konnten Sie sich erinnern?

Anzahl der gemerkten Begriffe Wörter

Test: Wörter merken – Antworten

III. Stroop-Test

Machen Sie den Stroop-Test für Woche 4 (siehe Seite 179).

Tag 21

Datum T M

Start (Uhr) :

$13 - 9 =$

$1 + 2 =$

$8 + 8 =$

$12 - 8 =$

$9 \times 4 =$

$7 + 8 =$

$5 - 3 =$

$4 + 6 =$

$6 - 2 =$

$7 \times 3 =$

$8 + 4 =$

$17 - 9 =$

$9 \times 6 =$

$6 \times 5 =$

$2 + 7 =$

$8 - 5 =$

$4 + 0 =$

$7 \times 4 =$

$9 - 5 =$

$4 \times 5 =$

$8 + 7 =$

$4 + 4 =$

$8 \times 5 =$

$14 - 6 =$

$9 + 7 =$

$2 \times 9 =$

$5 - 5 =$

$4 \times 2 =$

$13 - 9 =$

$3 + 6 =$

$7 \times 9 =$

$12 - 5 =$

$6 + 8 =$

$9 \times 9 =$

$5 + 2 =$

$8 - 3 =$

$6 \times 4 =$

$15 - 7 =$

$3 \times 5 =$

$7 + 6 =$

$6 - 5 =$

$5 \times 4 =$

$8 \times 4 =$

$10 - 1 =$

$1 \times 9 =$

$5 + 7 =$

$7 \times 7 =$

$2 + 5 =$

$11 - 3 =$

$9 + 1 =$

Tag 21

Benötigte Zeit ___ : ___

$2 \times 4 =$	$3 + 0 =$	$8 - 7 =$
$7 - 2 =$	$7 \times 8 =$	$5 \times 6 =$
$1 + 4 =$	$8 + 6 =$	$4 + 6 =$
$9 \times 1 =$	$9 - 6 =$	$13 - 5 =$
$7 + 9 =$	$12 - 4 =$	$9 \times 5 =$
$4 \times 8 =$	$9 + 5 =$	$13 - 7 =$
$13 - 4 =$	$8 \times 2 =$	$4 + 5 =$
$2 + 2 =$	$6 + 8 =$	$2 \times 7 =$
$4 \times 9 =$	$3 \times 9 =$	$8 - 8 =$
$5 + 9 =$	$6 + 4 =$	$9 \times 2 =$
$12 - 6 =$	$9 - 1 =$	$8 + 2 =$
$5 \times 7 =$	$12 - 9 =$	$10 - 8 =$
$3 - 2 =$	$9 + 3 =$	$6 \times 8 =$
$3 + 5 =$	$6 \times 7 =$	$6 + 2 =$
$10 - 4 =$	$5 \times 3 =$	$12 - 7 =$
$2 \times 3 =$	$14 - 7 =$	$9 + 6 =$
$7 + 3 =$	$6 \times 3 =$	

Ende (Uhr) ___ : ___

Tag 22

Datum T M

Start (Uhr) :

	5 × 7 =	15 − 7 =
6 + 6 =	0 + 5 =	6 × 8 =
6 × 3 =	13 − 5 =	2 + 4 =
3 + 9 =	6 + 5 =	14 − 8 =
11 − 6 =	8 × 3 =	3 + 8 =
4 × 9 =	9 − 1 =	9 × 9 =
1 + 7 =	9 + 9 =	4 × 7 =
3 × 7 =	8 − 2 =	9 + 2 =
1 + 9 =	9 × 8 =	9 − 8 =
9 − 6 =	3 × 6 =	5 × 2 =
13 − 4 =	5 + 4 =	13 − 8 =
2 × 3 =	11 − 3 =	7 + 0 =
12 − 4 =	7 + 5 =	8 × 7 =
7 − 2 =	4 × 3 =	5 + 8 =
2 + 6 =	1 − 1 =	7 − 4 =
2 × 9 =	10 − 9 =	4 + 3 =
6 + 7 =	8 × 5 =	12 − 6 =

Tag 22

Benötigte Zeit ___ : ___

$7 \times 2 =$ ☐	$13 - 7 =$ ☐	$8 + 9 =$ ☐
$12 - 8 =$ ☐	$4 + 8 =$ ☐	$2 \times 7 =$ ☐
$9 + 7 =$ ☐	$8 - 5 =$ ☐	$5 + 3 =$ ☐
$3 \times 8 =$ ☐	$6 \times 6 =$ ☐	$4 - 1 =$ ☐
$2 \times 6 =$ ☐	$3 - 2 =$ ☐	$11 - 2 =$ ☐
$17 - 9 =$ ☐	$5 + 5 =$ ☐	$8 + 3 =$ ☐
$5 + 6 =$ ☐	$7 \times 8 =$ ☐	$9 \times 7 =$ ☐
$13 - 5 =$ ☐	$10 - 6 =$ ☐	$8 - 4 =$ ☐
$6 + 2 =$ ☐	$7 + 2 =$ ☐	$4 + 1 =$ ☐
$16 - 8 =$ ☐	$14 - 5 =$ ☐	$5 \times 5 =$ ☐
$9 \times 4 =$ ☐	$9 \times 1 =$ ☐	$12 - 5 =$ ☐
$8 + 8 =$ ☐	$4 + 7 =$ ☐	$6 - 3 =$ ☐
$5 - 2 =$ ☐	$3 \times 0 =$ ☐	$3 + 2 =$ ☐
$3 + 6 =$ ☐	$10 - 3 =$ ☐	$11 - 8 =$ ☐
$8 \times 4 =$ ☐	$4 \times 5 =$ ☐	$6 + 4 =$ ☐
$15 - 9 =$ ☐	$9 + 7 =$ ☐	$9 \times 5 =$ ☐
$4 \times 6 =$ ☐	$7 + 6 =$ ☐	

Ende (Uhr) ___ : ___

Tag 23

Datum ____ T ____ M

Start (Uhr) ____ : ____

$8 + 6 =$ ☐

$3 - 2 =$ ☐

$12 - 6 =$ ☐

$3 + 5 =$ ☐

$2 \times 7 =$ ☐

$7 + 7 =$ ☐

$3 - 1 =$ ☐

$8 \times 8 =$ ☐

$11 - 5 =$ ☐

$6 \times 0 =$ ☐

$9 + 8 =$ ☐

$1 \times 2 =$ ☐

$2 + 6 =$ ☐

$10 - 3 =$ ☐

$5 + 3 =$ ☐

$12 - 7 =$ ☐

$14 - 8 =$ ☐

$8 - 6 =$ ☐

$3 \times 3 =$ ☐

$2 + 9 =$ ☐

$4 - 2 =$ ☐

$7 \times 6 =$ ☐

$15 - 7 =$ ☐

$8 + 8 =$ ☐

$3 \times 2 =$ ☐

$2 + 4 =$ ☐

$5 + 9 =$ ☐

$9 \times 3 =$ ☐

$12 - 8 =$ ☐

$8 \times 6 =$ ☐

$3 + 8 =$ ☐

$9 - 3 =$ ☐

$7 \times 1 =$ ☐

$3 \times 7 =$ ☐

$15 - 8 =$ ☐

$6 + 4 =$ ☐

$5 \times 2 =$ ☐

$8 \times 4 =$ ☐

$4 + 0 =$ ☐

$11 - 2 =$ ☐

$1 \times 4 =$ ☐

$6 - 4 =$ ☐

$1 + 4 =$ ☐

$8 + 9 =$ ☐

$2 \times 8 =$ ☐

$11 - 3 =$ ☐

$3 + 2 =$ ☐

$8 - 7 =$ ☐

$9 \times 2 =$ ☐

$4 + 7 =$ ☐

Tag 23

Benötigte Zeit [ ] : [ ]

$2 + 7 =$	$15 - 9 =$	$6 \times 6 =$
$7 + 8 =$	$5 \times 9 =$	$12 - 9 =$
$6 \times 3 =$	$9 + 7 =$	$6 - 4 =$
$5 - 1 =$	$3 + 3 =$	$9 + 2 =$
$7 + 4 =$	$6 \times 1 =$	$2 \times 9 =$
$4 \times 9 =$	$9 + 1 =$	$5 + 2 =$
$9 + 6 =$	$10 - 2 =$	$9 - 6 =$
$11 - 7 =$	$7 - 5 =$	$5 \times 4 =$
$2 + 3 =$	$8 + 2 =$	$12 - 4 =$
$7 \times 8 =$	$7 \times 3 =$	$6 \times 2 =$
$3 \times 1 =$	$10 - 5 =$	$9 + 4 =$
$10 - 6 =$	$9 \times 9 =$	$8 - 4 =$
$8 + 4 =$	$3 \times 4 =$	$4 + 2 =$
$5 + 1 =$	$3 + 7 =$	$5 + 7 =$
$5 \times 0 =$	$11 - 6 =$	$16 - 8 =$
$11 - 9 =$	$8 \times 9 =$	$12 - 7 =$
$1 - 1 =$	$16 - 7 =$	

Ende (Uhr) [ ] : [ ]

Tag 24

Datum ____ T ____ M

Start (Uhr) ____ : ____

	5 + 8 =	9 × 0 =
14 − 7 =	2 × 8 =	6 + 8 =
3 + 9 =	9 + 0 =	1 + 5 =
8 − 3 =	16 − 8 =	3 × 7 =
5 × 3 =	8 + 5 =	5 + 7 =
10 − 7 =	5 × 6 =	9 × 3 =
7 + 1 =	5 − 4 =	7 − 7 =
9 + 2 =	12 − 3 =	14 − 9 =
9 − 4 =	1 + 3 =	9 × 6 =
8 × 3 =	10 − 1 =	11 − 8 =
12 − 8 =	9 × 8 =	7 + 3 =
1 × 3 =	3 × 3 =	8 × 9 =
4 + 9 =	6 − 4 =	5 × 4 =
8 − 7 =	14 − 6 =	2 + 2 =
8 + 1 =	5 × 5 =	4 × 9 =
15 − 6 =	3 + 4 =	7 + 8 =
3 × 2 =	6 + 4 =	7 − 3 =

Tag 24

Benötigte Zeit ___ : ___

$7 \times 2 =$ ☐	$12 - 7 =$ ☐	$9 - 6 =$ ☐
$8 + 6 =$ ☐	$2 \times 7 =$ ☐	$3 + 6 =$ ☐
$14 - 5 =$ ☐	$5 + 6 =$ ☐	$2 \times 4 =$ ☐
$8 \times 2 =$ ☐	$4 - 2 =$ ☐	$12 - 9 =$ ☐
$11 - 6 =$ ☐	$2 \times 3 =$ ☐	$8 \times 4 =$ ☐
$1 + 9 =$ ☐	$12 - 4 =$ ☐	$1 + 1 =$ ☐
$3 + 5 =$ ☐	$9 - 1 =$ ☐	$3 \times 1 =$ ☐
$6 - 3 =$ ☐	$6 + 5 =$ ☐	$4 + 8 =$ ☐
$7 \times 3 =$ ☐	$9 \times 7 =$ ☐	$16 - 7 =$ ☐
$9 + 4 =$ ☐	$13 - 4 =$ ☐	$2 \times 5 =$ ☐
$8 - 6 =$ ☐	$8 \times 8 =$ ☐	$1 + 6 =$ ☐
$3 \times 4 =$ ☐	$4 + 5 =$ ☐	$8 + 3 =$ ☐
$0 + 2 =$ ☐	$7 + 7 =$ ☐	$15 - 8 =$ ☐
$17 - 8 =$ ☐	$6 \times 8 =$ ☐	$6 \times 3 =$ ☐
$8 + 7 =$ ☐	$11 - 9 =$ ☐	$17 - 9 =$ ☐
$5 - 5 =$ ☐	$4 + 6 =$ ☐	$4 \times 3 =$ ☐
$1 \times 2 =$ ☐	$5 + 7 =$ ☐	

Ende (Uhr) ___ : ___

Tag 25

Datum ___ T ___ M

Start (Uhr) ___ : ___

$8 \times 4 =$ ___

$4 + 7 =$ ___

$2 \times 4 =$ ___

$1 \times 9 =$ ___

$6 + 5 =$ ___

$4 - 1 =$ ___

$6 \times 6 =$ ___

$11 - 6 =$ ___

$5 + 2 =$ ___

$9 + 2 =$ ___

$10 - 2 =$ ___

$3 \times 5 =$ ___

$7 - 6 =$ ___

$3 \times 4 =$ ___

$4 \times 4 =$ ___

$1 + 6 =$ ___

$8 + 6 =$ ___

$4 + 3 =$ ___

$3 \times 6 =$ ___

$15 - 7 =$ ___

$8 + 5 =$ ___

$6 - 4 =$ ___

$7 \times 7 =$ ___

$3 + 5 =$ ___

$15 - 9 =$ ___

$4 \times 2 =$ ___

$14 - 5 =$ ___

$2 + 9 =$ ___

$9 - 8 =$ ___

$4 + 7 =$ ___

$3 + 4 =$ ___

$9 \times 6 =$ ___

$10 - 6 =$ ___

$11 - 9 =$ ___

$6 - 3 =$ ___

$6 + 0 =$ ___

$8 + 2 =$ ___

$2 \times 9 =$ ___

$8 - 3 =$ ___

$6 \times 7 =$ ___

$10 - 4 =$ ___

$5 + 5 =$ ___

$8 \times 3 =$ ___

$2 + 7 =$ ___

$14 - 8 =$ ___

$7 - 1 =$ ___

$3 \times 2 =$ ___

$7 + 3 =$ ___

$12 - 8 =$ ___

$9 \times 8 =$ ___

Tag 25

Benötigte Zeit ___ : ___

$8 \times 9 =$ ☐	$11 - 5 =$ ☐	$8 + 3 =$ ☐
$2 + 0 =$ ☐	$5 + 6 =$ ☐	$13 - 9 =$ ☐
$16 - 7 =$ ☐	$1 \times 8 =$ ☐	$4 \times 6 =$ ☐
$6 + 8 =$ ☐	$17 - 8 =$ ☐	$7 - 4 =$ ☐
$7 \times 2 =$ ☐	$9 \times 4 =$ ☐	$9 \times 7 =$ ☐
$4 \times 8 =$ ☐	$8 + 7 =$ ☐	$6 + 4 =$ ☐
$1 + 3 =$ ☐	$5 - 0 =$ ☐	$13 - 5 =$ ☐
$10 - 1 =$ ☐	$7 + 1 =$ ☐	$9 + 8 =$ ☐
$5 + 8 =$ ☐	$14 - 9 =$ ☐	$2 \times 7 =$ ☐
$5 \times 9 =$ ☐	$6 + 2 =$ ☐	$3 - 2 =$ ☐
$6 \times 4 =$ ☐	$12 - 5 =$ ☐	$6 \times 8 =$ ☐
$15 - 8 =$ ☐	$9 + 4 =$ ☐	$7 - 6 =$ ☐
$2 + 6 =$ ☐	$6 - 4 =$ ☐	$5 + 9 =$ ☐
$5 \times 3 =$ ☐	$5 \times 4 =$ ☐	$2 \times 2 =$ ☐
$12 - 6 =$ ☐	$6 + 7 =$ ☐	$5 \times 6 =$ ☐
$9 + 6 =$ ☐	$6 \times 9 =$ ☐	$3 + 6 =$ ☐
$9 - 9 =$ ☐	$14 - 6 =$ ☐	

Ende (Uhr) ___ : ___

Test des präfrontalen Cortex • • • •

 T 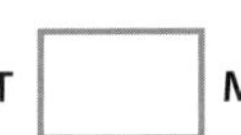 M 

I. Test: schnell zählen

Zählen Sie von 1 bis 120 – laut und so schnell Sie können. Notieren Sie die dafür benötigte Zeit.

Sekunden

II. Test: Wörter merken

Versuchen Sie sich in zwei Minuten möglichst viele der folgenden Begriffe zu merken.

Segel	**Radio**	**Tatsache**	**Tag**	**Flieger**	**Minute**
Spitze	**Vision**	**Kolonie**	**Show**	**Meter**	**Mann**
Mais	**Schlaf**	**Areal**	**Wetter**	**Mädchen**	**Rahmen**
Beere	**Schnee**	**Lineal**	**Kopie**	**Job**	**Nacken**
Heim	**Bild**	**Zwiebel**	**Kind**	**System**	**Schwanz**

Schreiben Sie jetzt so viele Wörter in die Felder auf der nächsten Seite, wie Sie im Gedächtnis behalten haben. An wie viele konnten Sie sich erinnern?

Anzahl der gemerkten Begriffe Wörter

Test: Wörter merken – Antworten

III. Stroop-Test

Machen Sie den Stroop-Test für Woche 5 (siehe Seite 180).

Tag 26

Datum ___ T ___ M

Start (Uhr) ___ : ___

	7 × 1 =	2 + 4 =
3 × 6 =	5 + 4 =	10 − 2 =
8 − 3 =	9 − 8 =	1 + 4 =
9 × 7 =	3 × 4 =	9 + 3 =
3 + 8 =	17 − 8 =	11 − 5 =
7 + 0 =	8 × 3 =	3 × 7 =
9 × 2 =	6 + 6 =	4 + 9 =
14 − 7 =	9 − 2 =	7 − 5 =
6 + 4 =	5 × 9 =	3 + 7 =
16 − 9 =	9 × 3 =	4 − 1 =
6 − 5 =	11 − 6 =	6 × 2 =
1 × 3 =	7 × 6 =	7 + 4 =
10 − 9 =	7 + 5 =	12 − 4 =
1 + 5 =	5 × 4 =	5 × 3 =
6 × 7 =	1 + 7 =	7 × 7 =
13 − 6 =	11 − 9 =	4 + 4 =
9 + 9 =	5 + 9 =	7 − 1 =

Benötigte Zeit ___ : ___

$3 + 5 =$	$6 - 4 =$	$2 \times 3 =$
$1 \times 6 =$	$6 \times 3 =$	$9 - 3 =$
$8 + 6 =$	$7 + 8 =$	$2 + 6 =$
$4 - 2 =$	$14 - 8 =$	$2 \times 7 =$
$12 - 7 =$	$4 \times 4 =$	$9 + 6 =$
$8 + 2 =$	$18 - 9 =$	$4 \times 9 =$
$4 \times 8 =$	$3 + 1 =$	$16 - 7 =$
$1 + 9 =$	$14 - 5 =$	$1 + 1 =$
$0 \times 0 =$	$5 - 0 =$	$4 \times 5 =$
$7 + 7 =$	$5 + 7 =$	$6 + 9 =$
$8 - 5 =$	$6 \times 1 =$	$11 - 2 =$
$15 - 7 =$	$15 - 8 =$	$8 \times 9 =$
$5 + 6 =$	$6 \times 4 =$	$9 - 5 =$
$8 \times 2 =$	$0 + 4 =$	$8 + 0 =$
$3 \times 5 =$	$10 - 7 =$	$10 - 5 =$
$10 - 1 =$	$5 + 8 =$	$5 \times 7 =$
$9 + 4 =$	$3 \times 9 =$	

Ende (Uhr) ___ : ___

Tag 27

Datum ___ T ___ M

Start (Uhr) ___ : ___

	$2 \times 9 =$	$10 - 4 =$
$2 + 2 =$	$3 \times 0 =$	$5 + 9 =$
$12 - 6 =$	$3 + 4 =$	$5 \times 2 =$
$7 + 3 =$	$13 - 7 =$	$4 + 8 =$
$6 \times 4 =$	$9 + 9 =$	$14 - 5 =$
$8 - 7 =$	$7 \times 9 =$	$8 \times 4 =$
$6 + 5 =$	$4 \times 4 =$	$4 + 4 =$
$5 - 3 =$	$6 + 4 =$	$5 \times 8 =$
$3 \times 5 =$	$3 - 3 =$	$2 + 8 =$
$2 \times 1 =$	$9 \times 8 =$	$9 - 7 =$
$1 + 6 =$	$13 - 5 =$	$10 - 3 =$
$13 - 9 =$	$5 + 4 =$	$2 \times 8 =$
$8 + 5 =$	$7 \times 7 =$	$10 - 1 =$
$5 \times 9 =$	$9 + 3 =$	$9 - 3 =$
$5 - 2 =$	$3 - 2 =$	$1 + 4 =$
$12 - 8 =$	$2 + 5 =$	$9 \times 3 =$
$4 \times 9 =$	$14 - 8 =$	$7 + 7 =$

Tag 27

Benötigte Zeit ___ : ___

$15 - 7 =$ ☐	$1 + 9 =$ ☐	$6 \times 9 =$ ☐
$5 + 7 =$ ☐	$4 \times 5 =$ ☐	$16 - 7 =$ ☐
$6 - 4 =$ ☐	$5 + 0 =$ ☐	$3 + 8 =$ ☐
$2 \times 2 =$ ☐	$9 - 8 =$ ☐	$8 \times 8 =$ ☐
$4 - 3 =$ ☐	$12 - 5 =$ ☐	$7 \times 8 =$ ☐
$6 + 9 =$ ☐	$8 + 3 =$ ☐	$15 - 9 =$ ☐
$6 \times 5 =$ ☐	$4 \times 3 =$ ☐	$8 + 4 =$ ☐
$15 - 8 =$ ☐	$8 - 8 =$ ☐	$16 - 8 =$ ☐
$2 + 2 =$ ☐	$2 + 4 =$ ☐	$3 + 2 =$ ☐
$10 - 9 =$ ☐	$4 \times 6 =$ ☐	$8 \times 2 =$ ☐
$6 \times 3 =$ ☐	$11 - 5 =$ ☐	$5 \times 4 =$ ☐
$9 + 5 =$ ☐	$8 - 6 =$ ☐	$6 + 9 =$ ☐
$1 \times 8 =$ ☐	$0 + 8 =$ ☐	$6 - 1 =$ ☐
$14 - 6 =$ ☐	$11 - 8 =$ ☐	$4 + 5 =$ ☐
$2 \times 4 =$ ☐	$6 + 6 =$ ☐	$9 \times 7 =$ ☐
$7 + 5 =$ ☐	$9 \times 4 =$ ☐	$12 - 3 =$ ☐
$3 \times 6 =$ ☐	$9 + 7 =$ ☐	

Ende (Uhr) ___ : ___

Tag 28

Datum T M

Start (Uhr) :

$3 - 1 =$

$6 \times 2 =$

$4 + 7 =$

$6 - 5 =$

$3 \times 3 =$

$11 - 5 =$

$7 + 4 =$

$2 \times 3 =$

$5 + 3 =$

$9 + 5 =$

$8 \times 8 =$

$16 - 9 =$

$9 \times 8 =$

$7 + 7 =$

$6 - 6 =$

$8 \times 7 =$

$7 \times 2 =$

$10 - 3 =$

$2 + 8 =$

$9 \times 2 =$

$2 \times 7 =$

$8 + 0 =$

$10 - 1 =$

$8 \times 2 =$

$9 - 9 =$

$2 + 3 =$

$5 + 9 =$

$9 \times 4 =$

$11 - 2 =$

$2 + 6 =$

$6 - 4 =$

$3 \times 1 =$

$7 + 9 =$

$15 - 7 =$

$9 + 1 =$

$9 - 4 =$

$16 - 7 =$

$6 + 1 =$

$3 \times 7 =$

$7 + 3 =$

$9 - 7 =$

$9 \times 7 =$

$11 - 4 =$

$9 \times 5 =$

$7 + 6 =$

$3 \times 2 =$

$4 + 2 =$

$17 - 8 =$

$2 + 5 =$

$13 - 7 =$

Tag 28

Benötigte Zeit ___ : ___

16 − 8 = ☐	6 × 6 = ☐	6 + 2 = ☐
7 × 3 = ☐	11 − 6 = ☐	4 + 8 = ☐
3 + 8 = ☐	8 − 4 = ☐	6 × 4 = ☐
4 + 3 = ☐	8 + 9 = ☐	9 − 6 = ☐
4 × 6 = ☐	5 × 6 = ☐	6 + 5 = ☐
6 + 8 = ☐	2 + 7 = ☐	7 × 6 = ☐
10 − 2 = ☐	9 − 5 = ☐	8 + 6 = ☐
5 − 5 = ☐	4 × 3 = ☐	14 − 6 = ☐
5 + 9 = ☐	15 − 6 = ☐	4 + 1 = ☐
8 × 7 = ☐	4 × 8 = ☐	8 × 9 = ☐
11 − 3 = ☐	9 + 4 = ☐	5 × 4 = ☐
5 × 2 = ☐	7 × 7 = ☐	10 − 7 = ☐
5 × 7 = ☐	2 + 0 = ☐	6 + 6 = ☐
5 + 5 = ☐	8 + 7 = ☐	8 + 1 = ☐
10 − 8 = ☐	14 − 8 = ☐	8 × 6 = ☐
2 × 9 = ☐	7 × 1 = ☐	12 − 3 = ☐
7 − 6 = ☐	13 − 8 = ☐	

Ende (Uhr) ___ : ___

Tag 29

Datum ____ T ____ M

Start (Uhr) ____ : ____

$9 \times 5 =$

$6 + 2 =$

$13 - 7 =$

$9 + 1 =$

$7 \times 4 =$

$9 - 6 =$

$11 - 8 =$

$4 + 2 =$

$10 - 1 =$

$2 \times 4 =$

$2 \times 3 =$

$5 - 0 =$

$11 - 4 =$

$7 \times 3 =$

$2 + 6 =$

$7 + 7 =$

$9 \times 7 =$

$9 + 2 =$

$4 + 3 =$

$2 \times 6 =$

$7 + 9 =$

$6 \times 1 =$

$8 - 6 =$

$11 - 3 =$

$8 \times 5 =$

$15 - 6 =$

$7 + 3 =$

$6 \times 8 =$

$2 + 9 =$

$5 + 0 =$

$9 \times 4 =$

$3 + 9 =$

$9 - 8 =$

$5 + 7 =$

$11 - 5 =$

$9 + 7 =$

$3 - 1 =$

$2 \times 9 =$

$10 - 2 =$

$1 + 2 =$

$3 + 7 =$

$7 - 6 =$

$3 \times 4 =$

$14 - 6 =$

$9 \times 8 =$

$6 + 6 =$

$7 - 3 =$

$3 + 6 =$

$13 - 8 =$

$5 \times 5 =$

Tag 29

Benötigte Zeit ___ : ___

$12 - 3 =$ ☐	$8 - 3 =$ ☐	$6 \times 6 =$ ☐
$5 \times 1 =$ ☐	$1 + 5 =$ ☐	$9 + 6 =$ ☐
$9 + 8 =$ ☐	$5 \times 3 =$ ☐	$10 - 4 =$ ☐
$8 - 1 =$ ☐	$10 - 3 =$ ☐	$9 \times 2 =$ ☐
$4 \times 6 =$ ☐	$9 \times 1 =$ ☐	$15 - 8 =$ ☐
$16 - 9 =$ ☐	$1 + 2 =$ ☐	$7 + 8 =$ ☐
$6 - 5 =$ ☐	$5 \times 4 =$ ☐	$3 + 4 =$ ☐
$6 + 4 =$ ☐	$2 + 8 =$ ☐	$8 - 6 =$ ☐
$5 \times 8 =$ ☐	$13 - 4 =$ ☐	$6 \times 9 =$ ☐
$14 - 7 =$ ☐	$3 \times 8 =$ ☐	$4 + 7 =$ ☐
$7 \times 2 =$ ☐	$4 + 5 =$ ☐	$3 - 3 =$ ☐
$5 + 3 =$ ☐	$8 + 6 =$ ☐	$7 \times 8 =$ ☐
$8 + 7 =$ ☐	$14 - 5 =$ ☐	$0 + 8 =$ ☐
$6 \times 2 =$ ☐	$3 \times 6 =$ ☐	$10 - 6 =$ ☐
$11 - 9 =$ ☐	$11 - 7 =$ ☐	$9 + 4 =$ ☐
$7 + 5 =$ ☐	$7 \times 9 =$ ☐	$7 - 2 =$ ☐
$6 \times 3 =$ ☐	$6 + 7 =$ ☐	

Ende (Uhr) ___ : ___

Tag 30

Datum T M

Start (Uhr) :

	5 + 6 =	13 − 5 =
1 + 4 =	6 − 3 =	9 × 7 =
9 × 3 =	6 + 2 =	8 + 5 =
11 − 3 =	6 + 7 =	7 × 8 =
5 + 9 =	5 × 5 =	1 × 6 =
1 − 1 =	7 − 3 =	3 + 9 =
9 × 1 =	7 × 6 =	8 − 1 =
3 + 1 =	14 − 5 =	4 × 2 =
15 − 7 =	4 + 8 =	11 − 5 =
7 × 7 =	8 × 3 =	3 + 6 =
12 − 5 =	1 + 8 =	5 + 9 =
8 + 2 =	14 − 6 =	14 − 9 =
8 − 4 =	9 − 9 =	5 × 7 =
9 + 5 =	8 × 8 =	7 − 6 =
5 + 0 =	8 + 7 =	8 × 7 =
8 × 6 =	17 − 9 =	4 × 7 =
16 − 8 =	3 × 7 =	2 + 4 =

Tag 30

Benötigte Zeit ___ : ___

$18 - 9 =$ ☐

$6 + 5 =$ ☐

$2 \times 9 =$ ☐

$14 - 8 =$ ☐

$3 \times 6 =$ ☐

$3 + 7 =$ ☐

$9 - 5 =$ ☐

$1 + 6 =$ ☐

$15 - 6 =$ ☐

$2 + 7 =$ ☐

$10 - 3 =$ ☐

$9 + 8 =$ ☐

$9 - 3 =$ ☐

$6 \times 5 =$ ☐

$7 + 8 =$ ☐

$8 \times 5 =$ ☐

$5 - 4 =$ ☐

$8 + 6 =$ ☐

$13 - 4 =$ ☐

$0 \times 7 =$ ☐

$8 - 2 =$ ☐

$3 \times 9 =$ ☐

$6 + 6 =$ ☐

$10 - 2 =$ ☐

$1 + 9 =$ ☐

$9 \times 8 =$ ☐

$7 - 2 =$ ☐

$6 \times 6 =$ ☐

$6 - 0 =$ ☐

$4 + 7 =$ ☐

$7 \times 5 =$ ☐

$4 \times 4 =$ ☐

$5 + 3 =$ ☐

$10 - 7 =$ ☐

$2 \times 4 =$ ☐

$4 + 1 =$ ☐

$12 - 4 =$ ☐

$7 + 9 =$ ☐

$5 \times 1 =$ ☐

$5 \times 3 =$ ☐

$3 + 5 =$ ☐

$10 - 8 =$ ☐

$9 + 4 =$ ☐

$6 \times 7 =$ ☐

$6 \times 8 =$ ☐

$12 - 3 =$ ☐

$1 + 7 =$ ☐

$9 \times 9 =$ ☐

$11 - 7 =$ ☐

$8 + 8 =$ ☐

Ende (Uhr) ___ : ___

Test des präfrontalen Cortex • • • •  T  M 

I. Test: schnell zählen

Zählen Sie von 1 bis 120 – laut und so schnell Sie können. Notieren Sie die dafür benötigte Zeit.

Sekunden

II. Test: Wörter merken

Versuchen Sie sich in zwei Minuten möglichst viele der folgenden Begriffe zu merken.

Jeder	**Film**	**Salz**	**Mark**	**Text**	**Paddel**
Baum	**Haar**	**Jahreszeit**	**Schlag**	**Brief**	**Brunnen**
Westen	**Idee**	**Spiel**	**Größe**	**Ufer**	**Knochen**
Traktor	**Platz**	**Fleisch**	**Nichte**	**Befehl**	**Band**
Frage	**Pfeil**	**Gabel**	**Kleidung**	**Ofen**	**Wunder**

Schreiben Sie jetzt so viele Wörter in die Felder auf der nächsten Seite, wie Sie im Gedächtnis behalten haben. An wie viele konnten Sie sich erinnern?

Anzahl der gemerkten Begriffe  Wörter

Test: Wörter merken – Antworten

III. Stroop-Test

Machen Sie den Stroop-Test für Woche 6 (siehe Seite 181).

Tag 31

Datum ____ T ____ M

Start (Uhr) ____ : ____

	16 − 7 =	6 × 7 =
3 + 3 =	2 × 9 =	2 + 4 =
8 × 6 =	14 − 5 =	1 × 4 =
5 − 4 =	3 + 8 =	4 × 9 =
2 × 5 =	8 + 9 =	9 − 6 =
7 + 9 =	6 × 8 =	4 + 5 =
14 − 6 =	6 + 2 =	7 + 5 =
5 + 2 =	9 × 7 =	12 − 3 =
3 × 2 =	6 − 3 =	6 × 2 =
0 × 3 =	8 + 8 =	11 − 2 =
8 − 5 =	10 − 9 =	7 − 2 =
9 + 2 =	5 + 7 =	8 × 8 =
9 − 3 =	5 × 6 =	3 + 1 =
4 + 8 =	8 − 6 =	11 − 3 =
17 − 9 =	3 + 4 =	9 + 6 =
8 + 2 =	9 × 5 =	12 − 7 =
4 × 5 =	15 − 6 =	8 × 9 =

Tag 31

Benötigte Zeit :

3 + 5 =	5 × 1 =	13 − 6 =
8 + 6 =	3 × 6 =	8 + 1 =
4 − 2 =	3 + 7 =	2 − 1 =
9 × 8 =	11 − 4 =	5 × 5 =
9 + 1 =	4 × 0 =	7 − 7 =
1 × 4 =	6 + 3 =	11 − 8 =
12 − 5 =	5 + 8 =	4 + 8 =
7 − 5 =	10 − 5 =	9 × 9 =
4 + 9 =	7 × 3 =	4 + 4 =
2 × 7 =	9 × 2 =	8 + 5 =
15 − 8 =	7 + 1 =	4 × 7 =
5 + 1 =	7 + 6 =	10 − 1 =
8 − 6 =	9 − 5 =	5 × 7 =
10 − 3 =	2 × 3 =	15 − 9 =
9 + 8 =	5 × 3 =	3 + 9 =
5 × 4 =	14 − 9 =	7 × 2 =
16 − 9 =	9 + 4 =	

Ende (Uhr) :

Tag 32

Datum T M

Start (Uhr) :	$2 + 6 =$	$10 - 2 =$
$3 - 3 =$	$11 - 5 =$	$5 + 3 =$
$3 + 1 =$	$6 + 7 =$	$3 \times 3 =$
$9 \times 7 =$	$9 \times 9 =$	$9 + 4 =$
$8 + 2 =$	$3 - 1 =$	$5 - 4 =$
$4 \times 7 =$	$8 \times 7 =$	$6 \times 9 =$
$8 - 7 =$	$9 + 0 =$	$1 - 0 =$
$7 + 4 =$	$9 \times 3 =$	$5 + 4 =$
$13 - 7 =$	$4 \times 3 =$	$14 - 7 =$
$2 + 3 =$	$9 - 3 =$	$3 \times 6 =$
$8 \times 6 =$	$4 + 9 =$	$7 + 6 =$
$17 - 9 =$	$2 \times 8 =$	$12 - 3 =$
$7 + 7 =$	$14 - 8 =$	$16 - 9 =$
$5 \times 7 =$	$3 \times 4 =$	$2 \times 7 =$
$7 - 1 =$	$14 - 6 =$	$6 + 8 =$
$11 - 8 =$	$2 \times 6 =$	$13 - 6 =$
$1 \times 6 =$	$9 + 8 =$	$7 + 3 =$

Tag 32

Benötigte Zeit ___ : ___

$3 \times 2 =$ ☐

$7 - 4 =$ ☐

$4 + 1 =$ ☐

$15 - 8 =$ ☐

$8 + 9 =$ ☐

$8 \times 5 =$ ☐

$8 \times 4 =$ ☐

$8 + 1 =$ ☐

$6 \times 4 =$ ☐

$8 - 8 =$ ☐

$6 \times 0 =$ ☐

$3 + 7 =$ ☐

$10 - 8 =$ ☐

$7 \times 9 =$ ☐

$16 - 7 =$ ☐

$7 + 8 =$ ☐

$11 - 7 =$ ☐

$3 + 2 =$ ☐

$8 \times 3 =$ ☐

$9 - 5 =$ ☐

$8 + 8 =$ ☐

$5 \times 3 =$ ☐

$4 + 0 =$ ☐

$13 - 8 =$ ☐

$6 \times 2 =$ ☐

$9 + 9 =$ ☐

$5 - 1 =$ ☐

$1 \times 8 =$ ☐

$16 - 8 =$ ☐

$3 + 9 =$ ☐

$4 \times 4 =$ ☐

$11 - 4 =$ ☐

$9 + 1 =$ ☐

$2 \times 3 =$ ☐

$4 \times 9 =$ ☐

$4 - 3 =$ ☐

$12 - 4 =$ ☐

$5 + 2 =$ ☐

$2 + 8 =$ ☐

$3 \times 7 =$ ☐

$5 - 5 =$ ☐

$7 + 1 =$ ☐

$5 \times 9 =$ ☐

$9 + 6 =$ ☐

$10 - 5 =$ ☐

$4 + 7 =$ ☐

$10 - 6 =$ ☐

$9 \times 2 =$ ☐

$8 + 6 =$ ☐

$11 - 9 =$ ☐

Ende (Uhr) ___ : ___

Tag 33

Datum T M

Start (Uhr) :

$4 + 0 =$

$7 - 4 =$

$5 \times 3 =$

$10 - 4 =$

$5 + 2 =$

$3 \times 4 =$

$8 - 7 =$

$5 \times 5 =$

$17 - 9 =$

$0 \times 7 =$

$8 + 8 =$

$4 \times 2 =$

$2 \times 9 =$

$9 + 7 =$

$15 - 6 =$

$8 + 3 =$

$9 \times 2 =$

$14 - 7 =$

$2 + 7 =$

$7 \times 9 =$

$13 - 8 =$

$5 \times 1 =$

$7 + 4 =$

$9 - 4 =$

$3 + 2 =$

$8 - 3 =$

$7 \times 4 =$

$6 + 7 =$

$7 - 3 =$

$9 + 3 =$

$7 \times 7 =$

$2 + 9 =$

$12 - 3 =$

$2 + 5 =$

$6 \times 3 =$

$8 - 1 =$

$6 + 8 =$

$6 \times 7 =$

$1 + 8 =$

$8 \times 6 =$

$5 + 3 =$

$10 - 6 =$

$4 - 0 =$

$7 + 5 =$

$8 \times 8 =$

$10 - 1 =$

$10 - 8 =$

$2 \times 2 =$

$13 - 7 =$

$9 + 2 =$

Tag 33

Benötigte Zeit ___ : ___

9 − 3 =	0 + 6 =	9 × 4 =
16 − 7 =	8 − 4 =	2 − 1 =
3 + 5 =	3 × 9 =	6 + 3 =
8 × 1 =	6 × 4 =	11 − 2 =
14 − 9 =	3 + 9 =	9 × 8 =
2 × 8 =	5 × 8 =	5 + 5 =
7 + 2 =	11 − 9 =	6 × 6 =
11 − 6 =	7 + 1 =	5 + 9 =
4 − 4 =	4 × 8 =	8 × 2 =
5 × 7 =	7 + 9 =	4 + 9 =
11 − 4 =	9 − 1 =	9 − 7 =
8 + 6 =	8 × 4 =	12 − 8 =
7 × 6 =	12 − 7 =	3 + 8 =
9 + 9 =	3 + 3 =	2 × 5 =
18 − 9 =	13 − 9 =	5 + 8 =
2 + 8 =	3 × 3 =	10 − 2 =
0 × 9 =	4 + 7 =	

Ende (Uhr) ___ : ___

Tag 34

Datum T M

Start (Uhr) :

	8 × 2 =	8 − 5 =
2 × 5 =	6 − 5 =	4 + 1 =
9 − 1 =	1 + 0 =	1 × 9 =
4 + 2 =	5 − 3 =	11 − 6 =
3 × 2 =	7 × 7 =	9 + 3 =
2 + 9 =	15 − 7 =	5 × 8 =
7 − 4 =	3 + 4 =	4 − 1 =
12 − 3 =	8 + 9 =	9 × 8 =
7 × 8 =	9 − 8 =	8 + 1 =
10 − 4 =	3 × 1 =	14 − 7 =
8 + 4 =	13 − 6 =	7 + 7 =
5 + 5 =	6 × 6 =	9 × 2 =
9 × 6 =	3 + 7 =	5 + 3 =
3 + 3 =	10 − 9 =	12 − 6 =
5 × 6 =	9 + 5 =	3 × 3 =
0 × 7 =	15 − 9 =	5 + 7 =
8 + 5 =	4 × 3 =	10 − 6 =

Benötigte Zeit ___ : ___

5 × 6 =	3 + 5 =	3 − 1 =
8 − 1 =	9 + 8 =	1 × 5 =
6 + 8 =	7 × 4 =	6 + 7 =
11 − 9 =	4 − 3 =	4 + 0 =
8 × 4 =	8 + 8 =	8 × 9 =
2 + 2 =	2 × 9 =	4 + 6 =
9 − 4 =	5 + 6 =	15 − 8 =
7 × 1 =	14 − 8 =	8 − 3 =
13 − 8 =	7 + 1 =	1 + 1 =
4 × 7 =	11 − 3 =	6 × 8 =
7 + 3 =	8 × 8 =	10 − 7 =
6 − 2 =	11 − 7 =	3 × 8 =
2 + 4 =	5 × 9 =	2 + 8 =
8 + 6 =	9 + 9 =	6 × 7 =
11 − 4 =	4 + 9 =	12 − 5 =
9 × 9 =	10 − 2 =	4 × 8 =
15 − 6 =	4 × 9 =	

Ende (Uhr) ___ : ___

Tag 35

Datum ____ T ____ M

Start (Uhr) ____ : ____

	2 × 5 = ☐	13 − 7 = ☐
10 − 6 = ☐	9 + 9 = ☐	9 − 9 = ☐
5 + 0 = ☐	5 − 3 = ☐	6 + 1 = ☐
7 × 7 = ☐	18 − 9 = ☐	3 + 7 = ☐
8 − 7 = ☐	7 + 2 = ☐	6 − 3 = ☐
4 + 4 = ☐	5 × 9 = ☐	8 × 5 = ☐
13 − 5 = ☐	7 + 6 = ☐	15 − 8 = ☐
7 × 3 = ☐	9 − 7 = ☐	4 + 6 = ☐
3 × 8 = ☐	4 × 6 = ☐	8 × 9 = ☐
5 + 4 = ☐	11 − 2 = ☐	3 + 4 = ☐
9 + 5 = ☐	4 × 9 = ☐	7 − 5 = ☐
5 × 7 = ☐	2 + 8 = ☐	2 × 3 = ☐
13 − 9 = ☐	7 × 0 = ☐	10 − 9 = ☐
3 + 8 = ☐	2 + 5 = ☐	7 × 6 = ☐
9 − 2 = ☐	10 − 5 = ☐	7 + 7 = ☐
9 × 8 = ☐	8 + 7 = ☐	9 × 7 = ☐
4 + 7 = ☐	6 × 5 = ☐	13 − 8 = ☐

Tag 35

Benötigte Zeit ___ : ___

$8 - 4 =$ ☐	$6 \times 7 =$ ☐	$16 - 8 =$ ☐
$0 + 3 =$ ☐	$7 + 3 =$ ☐	$5 \times 5 =$ ☐
$7 \times 4 =$ ☐	$14 - 5 =$ ☐	$9 + 1 =$ ☐
$15 - 6 =$ ☐	$6 \times 9 =$ ☐	$2 + 3 =$ ☐
$4 \times 4 =$ ☐	$14 - 7 =$ ☐	$9 \times 2 =$ ☐
$9 - 4 =$ ☐	$8 + 4 =$ ☐	$4 - 4 =$ ☐
$8 \times 7 =$ ☐	$2 + 6 =$ ☐	$6 + 2 =$ ☐
$6 + 6 =$ ☐	$9 - 5 =$ ☐	$3 - 1 =$ ☐
$14 - 9 =$ ☐	$2 \times 4 =$ ☐	$4 \times 2 =$ ☐
$9 \times 6 =$ ☐	$4 + 8 =$ ☐	$17 - 9 =$ ☐
$1 + 7 =$ ☐	$4 - 3 =$ ☐	$8 + 9 =$ ☐
$7 + 9 =$ ☐	$7 \times 2 =$ ☐	$3 \times 5 =$ ☐
$11 - 5 =$ ☐	$5 + 3 =$ ☐	$5 + 8 =$ ☐
$5 \times 2 =$ ☐	$15 - 7 =$ ☐	$7 \times 8 =$ ☐
$12 - 9 =$ ☐	$8 + 6 =$ ☐	$10 - 1 =$ ☐
$2 \times 2 =$ ☐	$12 - 9 =$ ☐	$7 + 4 =$ ☐
$7 + 5 =$ ☐	$8 \times 1 =$ ☐	

Ende (Uhr) ___ : ___

Test des präfrontalen Cortex • • • •

 T 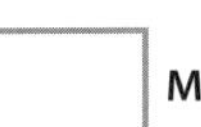 M 

I. Test: schnell zählen

Zählen Sie von 1 bis 120 – laut und so schnell Sie können. Notieren Sie die dafür benötigte Zeit.

☐ Sekunden

II. Test: Wörter merken

Versuchen Sie sich in zwei Minuten möglichst viele der folgenden Begriffe zu merken.

Lager	**Notiz**	**Antwort**	**Adler**	**Öl**	**Dorf**
Meinung	**Ernte**	**Rechnung**	**Person**	**Ziel**	**Zentrum**
Fall	**Hand**	**Rasse**	**Einheit**	**Pendel**	**Tagebuch**
Bild	**Nacht**	**Folie**	**Mutter**	**Krieg**	**Butter**
Plan	**Handel**	**Stroh**	**Reihe**	**Aufgabe**	**Boden**

Schreiben Sie jetzt so viele Wörter in die Felder auf der nächsten Seite, wie Sie im Gedächtnis behalten haben. An wie viele konnten Sie sich erinnern?

Anzahl der gemerkten Begriffe ☐ Wörter

Test: Wörter merken – Antworten

III. Stroop-Test

Machen Sie den Stroop-Test für Woche 7 (siehe Seite 182).

Tag 36

Datum ☐ T ☐ M

Start (Uhr) ☐ : ☐

$4 \times 9 =$ ☐

$13 - 4 =$ ☐

$7 + 8 =$ ☐

$6 + 6 =$ ☐

$5 \times 9 =$ ☐

$3 + 2 =$ ☐

$1 \times 5 =$ ☐

$7 - 2 =$ ☐

$8 + 8 =$ ☐

$16 - 7 =$ ☐

$9 + 3 =$ ☐

$4 \times 3 =$ ☐

$9 - 5 =$ ☐

$2 + 7 =$ ☐

$9 \times 3 =$ ☐

$10 - 9 =$ ☐

$8 \times 2 =$ ☐

$4 + 0 =$ ☐

$6 \times 4 =$ ☐

$1 \times 3 =$ ☐

$8 - 6 =$ ☐

$5 + 3 =$ ☐

$5 + 9 =$ ☐

$14 - 6 =$ ☐

$5 \times 5 =$ ☐

$10 - 6 =$ ☐

$7 - 3 =$ ☐

$7 \times 6 =$ ☐

$1 + 5 =$ ☐

$13 - 8 =$ ☐

$7 + 6 =$ ☐

$12 - 8 =$ ☐

$9 \times 8 =$ ☐

$13 - 5 =$ ☐

$1 + 7 =$ ☐

$2 \times 3 =$ ☐

$9 - 4 =$ ☐

$4 \times 2 =$ ☐

$6 + 5 =$ ☐

$12 - 4 =$ ☐

$4 + 1 =$ ☐

$3 \times 4 =$ ☐

$5 \times 3 =$ ☐

$6 - 2 =$ ☐

$4 + 6 =$ ☐

$5 - 2 =$ ☐

$8 + 5 =$ ☐

$11 - 2 =$ ☐

$4 + 9 =$ ☐

$6 \times 8 =$ ☐

Tag 36

Benötigte Zeit ___ : ___

$9 \times 2 =$	$15 - 6 =$	$4 + 2 =$
$7 \times 5 =$	$8 + 1 =$	$8 + 9 =$
$9 + 2 =$	$2 - 2 =$	$5 - 4 =$
$17 - 9 =$	$3 \times 2 =$	$7 \times 8 =$
$8 \times 0 =$	$6 - 2 =$	$6 + 7 =$
$4 + 3 =$	$10 - 1 =$	$9 \times 6 =$
$5 + 8 =$	$9 + 6 =$	$15 - 7 =$
$12 - 5 =$	$5 \times 6 =$	$9 - 8 =$
$9 \times 5 =$	$5 + 1 =$	$9 + 9 =$
$2 \times 7 =$	$8 + 6 =$	$6 \times 7 =$
$1 + 8 =$	$6 \times 3 =$	$10 - 2 =$
$3 + 7 =$	$13 - 6 =$	$1 + 6 =$
$8 - 5 =$	$3 \times 7 =$	$4 - 3 =$
$3 \times 3 =$	$14 - 9 =$	$16 - 9 =$
$3 \times 9 =$	$1 + 9 =$	$6 + 8 =$
$12 - 7 =$	$7 \times 1 =$	$4 \times 8 =$
$6 + 4 =$	$18 - 9 =$	

Ende (Uhr) ___ : ___

Tag 37

Datum T M

Start (Uhr) :

	14 − 9 =	7 + 0 =
11 − 2 =	2 + 4 =	7 − 5 =
9 + 4 =	7 × 7 =	6 + 3 =
1 × 8 =	3 + 8 =	4 × 2 =
9 − 6 =	6 − 4 =	7 + 3 =
2 × 2 =	3 × 5 =	9 × 9 =
4 + 5 =	4 − 4 =	9 − 2 =
2 × 4 =	8 + 0 =	6 + 7 =
8 × 5 =	17 − 8 =	12 − 8 =
7 − 1 =	6 × 4 =	1 + 2 =
7 + 5 =	5 + 5 =	7 × 9 =
5 × 4 =	4 + 9 =	12 − 4 =
11 − 4 =	13 − 6 =	9 + 9 =
3 × 2 =	2 × 9 =	8 × 4 =
14 − 7 =	5 + 7 =	9 × 2 =
3 × 4 =	13 − 9 =	15 − 9 =
6 + 9 =	1 + 9 =	9 × 8 =

Tag 37

Benötigte Zeit :

$1 + 3 =$	$8 \times 8 =$	$2 \times 6 =$
$7 \times 4 =$	$6 - 2 =$	$5 - 0 =$
$9 - 8 =$	$15 - 7 =$	$3 + 2 =$
$6 + 8 =$	$4 + 1 =$	$10 - 4 =$
$9 \times 6 =$	$8 + 3 =$	$2 + 9 =$
$2 + 2 =$	$4 \times 7 =$	$5 \times 3 =$
$10 - 3 =$	$9 - 7 =$	$8 \times 9 =$
$4 \times 5 =$	$1 + 5 =$	$4 + 3 =$
$8 + 9 =$	$2 \times 3 =$	$6 \times 8 =$
$8 - 3 =$	$8 + 4 =$	$8 - 7 =$
$6 \times 5 =$	$18 - 9 =$	$4 \times 3 =$
$14 - 8 =$	$6 \times 7 =$	$7 + 7 =$
$5 + 9 =$	$10 - 2 =$	$11 - 3 =$
$7 \times 3 =$	$8 \times 6 =$	$3 \times 7 =$
$12 - 9 =$	$9 + 8 =$	$11 - 7 =$
$7 + 8 =$	$10 - 6 =$	$3 + 9 =$
$6 \times 0 =$	$13 - 7 =$	

Ende (Uhr) :

Tag 38

Datum ☐ T ☐ M

Start (Uhr) ☐ : ☐

	3 + 5 = ☐	6 × 5 = ☐
14 − 5 = ☐	2 × 9 = ☐	8 + 0 = ☐
1 + 0 = ☐	9 − 8 = ☐	7 − 3 = ☐
8 × 9 = ☐	4 + 7 = ☐	1 × 9 = ☐
14 − 7 = ☐	9 × 3 = ☐	14 − 6 = ☐
9 × 7 = ☐	5 + 2 = ☐	5 + 4 = ☐
5 + 5 = ☐	6 × 9 = ☐	4 × 8 = ☐
4 − 1 = ☐	1 + 1 = ☐	6 − 3 = ☐
6 + 2 = ☐	10 − 9 = ☐	5 × 2 = ☐
6 − 4 = ☐	5 − 4 = ☐	15 − 6 = ☐
3 × 2 = ☐	9 + 5 = ☐	2 × 7 = ☐
4 + 8 = ☐	0 × 7 = ☐	9 + 4 = ☐
9 − 6 = ☐	11 − 6 = ☐	6 × 3 = ☐
8 + 6 = ☐	10 − 3 = ☐	2 × 4 = ☐
3 × 4 = ☐	9 × 5 = ☐	8 + 2 = ☐
7 + 5 = ☐	11 − 3 = ☐	10 − 2 = ☐
11 − 2 = ☐	8 + 4 = ☐	5 + 8 = ☐

Tag 38

Benötigte Zeit ___ : ___

$4 + 3 =$ ☐	$7 \times 3 =$ ☐	$4 - 2 =$ ☐
$5 - 5 =$ ☐	$4 - 3 =$ ☐	$17 - 9 =$ ☐
$9 \times 4 =$ ☐	$1 + 6 =$ ☐	$2 + 5 =$ ☐
$5 \times 3 =$ ☐	$11 - 5 =$ ☐	$5 \times 4 =$ ☐
$4 + 9 =$ ☐	$2 \times 1 =$ ☐	$14 - 9 =$ ☐
$2 \times 5 =$ ☐	$9 + 2 =$ ☐	$4 \times 7 =$ ☐
$16 - 8 =$ ☐	$4 \times 3 =$ ☐	$7 + 2 =$ ☐
$1 + 8 =$ ☐	$6 + 9 =$ ☐	$11 - 4 =$ ☐
$3 \times 3 =$ ☐	$3 \times 8 =$ ☐	$8 - 5 =$ ☐
$7 + 4 =$ ☐	$7 + 6 =$ ☐	$2 \times 2 =$ ☐
$6 - 2 =$ ☐	$3 - 1 =$ ☐	$18 - 9 =$ ☐
$7 \times 5 =$ ☐	$12 - 5 =$ ☐	$9 + 1 =$ ☐
$15 - 9 =$ ☐	$6 + 7 =$ ☐	$6 \times 6 =$ ☐
$2 + 3 =$ ☐	$5 \times 8 =$ ☐	$4 + 6 =$ ☐
$13 - 5 =$ ☐	$2 + 9 =$ ☐	$12 - 4 =$ ☐
$9 \times 8 =$ ☐	$12 - 7 =$ ☐	$4 + 9 =$ ☐
$6 + 4 =$ ☐	$6 \times 4 =$ ☐	

Ende (Uhr) ___ : ___

Tag 39

Datum ____ T ____ M

Start (Uhr) ____ : ____

$8 - 3 =$
$3 + 2 =$
$7 - 6 =$
$3 \times 3 =$
$10 - 7 =$
$5 + 2 =$
$7 + 8 =$
$5 - 5 =$
$8 \times 2 =$
$13 - 4 =$
$5 \times 4 =$
$8 + 2 =$
$16 - 8 =$
$9 + 1 =$
$10 - 5 =$
$9 \times 3 =$

$8 - 4 =$
$6 + 0 =$
$9 \times 5 =$
$10 - 8 =$
$1 + 9 =$
$3 \times 6 =$
$9 - 5 =$
$1 \times 4 =$
$5 + 3 =$
$18 - 9 =$
$9 + 8 =$
$8 \times 3 =$
$1 + 6 =$
$10 - 2 =$
$5 \times 9 =$
$6 + 5 =$
$14 - 7 =$

$5 \times 5 =$
$4 \times 9 =$
$9 - 7 =$
$4 + 4 =$
$6 \times 5 =$
$5 + 9 =$
$7 - 2 =$
$10 - 4 =$
$3 \times 9 =$
$11 - 3 =$
$3 + 8 =$
$4 + 6 =$
$2 \times 3 =$
$5 + 3 =$
$3 \times 2 =$
$8 \times 5 =$
$3 + 7 =$

Tag 39

Benötigte Zeit :

1 + 3 =	9 − 0 =	3 × 8 =
5 + 8 =	4 × 3 =	3 − 3 =
9 × 4 =	2 + 9 =	6 + 9 =
4 − 3 =	2 + 5 =	15 − 7 =
3 + 9 =	9 × 3 =	8 × 7 =
7 × 5 =	8 + 7 =	3 + 4 =
6 + 7 =	13 − 7 =	8 − 5 =
9 × 2 =	8 − 1 =	7 × 4 =
5 + 1 =	4 + 2 =	14 − 8 =
13 − 5 =	7 × 8 =	2 × 5 =
7 × 9 =	12 − 9 =	9 + 3 =
10 − 1 =	9 × 9 =	5 − 2 =
6 × 6 =	8 + 5 =	1 + 8 =
2 + 8 =	2 × 2 =	7 + 5 =
7 + 4 =	10 − 9 =	12 − 8 =
12 − 3 =	3 × 7 =	9 × 8 =
4 × 6 =	11 − 4 =	

Ende (Uhr) :

Tag 40

Datum ____ T ____ M

Start (Uhr) ☐ : ☐	$12 - 3 =$ ☐	$4 \times 5 =$ ☐
$4 + 9 =$ ☐	$4 - 1 =$ ☐	$11 - 7 =$ ☐
$4 - 3 =$ ☐	$3 + 2 =$ ☐	$2 + 2 =$ ☐
$13 - 5 =$ ☐	$8 + 7 =$ ☐	$6 \times 6 =$ ☐
$9 + 0 =$ ☐	$7 - 2 =$ ☐	$4 - 4 =$ ☐
$2 \times 6 =$ ☐	$5 \times 3 =$ ☐	$3 + 6 =$ ☐
$7 + 3 =$ ☐	$14 - 9 =$ ☐	$10 - 7 =$ ☐
$8 - 1 =$ ☐	$7 + 5 =$ ☐	$7 \times 8 =$ ☐
$7 \times 7 =$ ☐	$6 \times 3 =$ ☐	$9 \times 5 =$ ☐
$11 - 5 =$ ☐	$1 + 8 =$ ☐	$2 + 4 =$ ☐
$8 \times 6 =$ ☐	$6 - 3 =$ ☐	$9 + 8 =$ ☐
$5 + 8 =$ ☐	$5 \times 9 =$ ☐	$0 \times 4 =$ ☐
$1 \times 6 =$ ☐	$11 - 6 =$ ☐	$16 - 8 =$ ☐
$3 + 4 =$ ☐	$8 \times 7 =$ ☐	$6 + 9 =$ ☐
$12 - 8 =$ ☐	$5 + 6 =$ ☐	$8 - 5 =$ ☐
$6 + 6 =$ ☐	$3 \times 2 =$ ☐	$2 \times 7 =$ ☐
$7 \times 4 =$ ☐	$15 - 9 =$ ☐	$3 + 9 =$ ☐

Tag 40

Benötigte Zeit ___ : ___

$6 \times 5 =$	$13 - 6 =$	$9 - 8 =$
$9 + 4 =$	$8 \times 4 =$	$3 + 0 =$
$14 - 6 =$	$7 + 7 =$	$8 \times 5 =$
$3 \times 3 =$	$6 + 3 =$	$11 - 9 =$
$11 - 2 =$	$9 \times 6 =$	$7 \times 6 =$
$4 + 8 =$	$7 - 4 =$	$6 - 5 =$
$3 + 5 =$	$1 + 7 =$	$9 \times 7 =$
$5 - 4 =$	$5 - 3 =$	$6 + 8 =$
$3 \times 6 =$	$7 \times 2 =$	$16 - 9 =$
$7 + 9 =$	$10 - 9 =$	$3 \times 8 =$
$9 - 9 =$	$5 + 8 =$	$5 + 2 =$
$4 \times 7 =$	$6 \times 7 =$	$8 + 5 =$
$2 + 6 =$	$9 + 2 =$	$14 - 7 =$
$6 \times 4 =$	$5 \times 3 =$	$9 \times 4 =$
$9 + 7 =$	$10 - 4 =$	$10 - 4 =$
$15 - 8 =$	$8 + 3 =$	$7 \times 5 =$
$9 \times 2 =$	$2 + 8 =$	

Ende (Uhr) ___ : ___

Test des präfrontalen Cortex • • • • [ ] T [ ] M

I. Test: schnell zählen

Zählen Sie von 1 bis 120 – laut und so schnell Sie können. Notieren Sie die dafür benötigte Zeit.

[ ] Sekunden

II. Test: Wörter merken

Versuchen Sie sich in zwei Minuten möglichst viele der folgenden Begriffe zu merken.

Zaun	**Pferd**	**Baby**	**Schule**	**Kultur**	**Meile**
Gummi	**Handel**	**Welt**	**Hase**	**Zeichen**	**Land**
Akt	**Seite**	**Gruppe**	**Blume**	**Ozean**	**Gebäude**
Flügel	**Dessert**	**Saite**	**Sonne**	**Interesse**	**Stadt**
Dollar	**Wurzel**	**Fenster**	**Phrase**	**Notiz**	**Roman**

Schreiben Sie jetzt so viele Wörter in die Felder auf der nächsten Seite, wie Sie im Gedächtnis behalten haben. An wie viele konnten Sie sich erinnern?

Anzahl der gemerkten Begriffe [ ] Wörter

Woche 8

Test: Wörter merken – Antworten

Woche 8

III. Stroop-Test

Machen Sie den Stroop-Test für Woche 8 (siehe Seite 183).

Tag 41

Datum ___ T ___ M

Start (Uhr) ___ : ___

	5 × 4 = ☐	12 − 5 = ☐
5 + 3 = ☐	3 + 3 = ☐	8 × 6 = ☐
5 × 7 = ☐	9 × 9 = ☐	16 − 7 = ☐
4 × 1 = ☐	5 − 4 = ☐	7 + 9 = ☐
2 − 0 = ☐	2 × 7 = ☐	4 + 7 = ☐
3 + 4 = ☐	6 + 5 = ☐	5 × 5 = ☐
9 + 2 = ☐	18 − 9 = ☐	3 + 5 = ☐
10 − 1 = ☐	2 + 6 = ☐	3 × 3 = ☐
4 × 5 = ☐	5 × 6 = ☐	7 − 1 = ☐
15 − 8 = ☐	9 × 3 = ☐	9 + 7 = ☐
7 − 5 = ☐	3 − 2 = ☐	12 − 9 = ☐
3 × 6 = ☐	7 + 6 = ☐	6 + 9 = ☐
4 + 5 = ☐	9 − 5 = ☐	4 − 2 = ☐
14 − 6 = ☐	5 + 7 = ☐	3 × 5 = ☐
8 + 6 = ☐	11 − 9 = ☐	3 + 1 = ☐
12 − 4 = ☐	2 + 8 = ☐	2 × 8 = ☐
3 × 9 = ☐	4 × 6 = ☐	11 − 8 = ☐

Tag 41

Benötigte Zeit ___ : ___

$13 - 7 =$ ___

$3 + 2 =$ ___

$3 - 3 =$ ___

$7 \times 2 =$ ___

$9 - 6 =$ ___

$10 - 5 =$ ___

$8 + 3 =$ ___

$9 \times 4 =$ ___

$2 + 4 =$ ___

$7 + 3 =$ ___

$6 \times 2 =$ ___

$11 - 3 =$ ___

$5 \times 9 =$ ___

$12 - 7 =$ ___

$2 + 9 =$ ___

$7 \times 7 =$ ___

$15 - 6 =$ ___

$4 + 2 =$ ___

$5 + 6 =$ ___

$9 - 9 =$ ___

$4 \times 8 =$ ___

$9 + 8 =$ ___

$3 \times 7 =$ ___

$11 - 2 =$ ___

$9 - 7 =$ ___

$3 + 7 =$ ___

$9 \times 2 =$ ___

$6 \times 9 =$ ___

$0 + 7 =$ ___

$4 - 1 =$ ___

$11 - 5 =$ ___

$3 + 9 =$ ___

$5 \times 0 =$ ___

$8 + 5 =$ ___

$3 \times 8 =$ ___

$9 \times 7 =$ ___

$9 + 6 =$ ___

$11 - 7 =$ ___

$1 \times 9 =$ ___

$1 + 2 =$ ___

$7 + 8 =$ ___

$13 - 9 =$ ___

$8 \times 5 =$ ___

$9 \times 8 =$ ___

$4 + 3 =$ ___

$6 + 8 =$ ___

$5 - 2 =$ ___

$7 \times 5 =$ ___

$4 \times 4 =$ ___

$14 - 5 =$ ___

Ende (Uhr) ___ : ___

Tag 42

Datum ____ T ____ M

Start (Uhr) ____ : ____

	$14 - 9 =$	$4 + 5 =$
$7 + 2 =$	$4 - 3 =$	$16 - 8 =$
$3 \times 8 =$	$1 + 8 =$	$7 + 8 =$
$9 + 9 =$	$5 \times 9 =$	$3 \times 6 =$
$8 - 4 =$	$8 + 6 =$	$9 - 4 =$
$2 \times 2 =$	$7 \times 2 =$	$1 \times 5 =$
$9 - 8 =$	$9 - 5 =$	$7 + 1 =$
$8 + 0 =$	$7 + 3 =$	$2 \times 6 =$
$10 - 3 =$	$13 - 6 =$	$3 \times 9 =$
$6 \times 3 =$	$4 + 3 =$	$5 - 5 =$
$4 + 9 =$	$7 \times 9 =$	$6 + 8 =$
$6 + 7 =$	$10 - 6 =$	$4 \times 7 =$
$13 - 5 =$	$3 + 9 =$	$15 - 6 =$
$4 \times 8 =$	$6 \times 6 =$	$5 \times 2 =$
$9 + 2 =$	$5 - 3 =$	$10 - 9 =$
$18 - 9 =$	$11 - 3 =$	$9 \times 3 =$
$5 + 7 =$	$2 \times 9 =$	$9 + 8 =$

Benötigte Zeit ___ : ___

$2 \times 5 =$ ___

$6 - 4 =$ ___

$14 - 7 =$ ___

$3 + 5 =$ ___

$8 + 3 =$ ___

$5 \times 6 =$ ___

$2 - 1 =$ ___

$5 + 1 =$ ___

$9 \times 7 =$ ___

$7 + 6 =$ ___

$10 - 8 =$ ___

$6 + 5 =$ ___

$14 - 5 =$ ___

$9 \times 1 =$ ___

$4 + 6 =$ ___

$16 - 7 =$ ___

$7 \times 3 =$ ___

$5 \times 7 =$ ___

$8 - 8 =$ ___

$2 + 4 =$ ___

$13 - 8 =$ ___

$5 + 9 =$ ___

$7 \times 5 =$ ___

$6 \times 2 =$ ___

$3 + 3 =$ ___

$8 \times 7 =$ ___

$6 - 3 =$ ___

$5 \times 4 =$ ___

$8 + 2 =$ ___

$11 - 6 =$ ___

$4 \times 4 =$ ___

$12 - 8 =$ ___

$7 + 5 =$ ___

$15 - 9 =$ ___

$2 + 5 =$ ___

$3 \times 4 =$ ___

$5 - 1 =$ ___

$8 + 9 =$ ___

$4 \times 9 =$ ___

$3 + 4 =$ ___

$11 - 8 =$ ___

$4 \times 5 =$ ___

$7 + 8 =$ ___

$8 - 3 =$ ___

$9 \times 9 =$ ___

$12 - 6 =$ ___

$1 + 9 =$ ___

$8 \times 5 =$ ___

$11 - 5 =$ ___

$8 + 4 =$ ___

Ende (Uhr) ___ : ___

Tag 43

Datum T M

Start (Uhr) :

	2 × 3 =	3 + 4 =
2 × 4 =	1 + 5 =	13 − 8 =
3 − 2 =	7 − 2 =	2 + 2 =
3 + 8 =	6 × 3 =	2 × 9 =
8 × 6 =	10 − 7 =	10 − 1 =
7 + 0 =	4 + 5 =	5 × 5 =
3 × 4 =	1 × 9 =	9 + 2 =
5 + 3 =	6 − 4 =	6 − 5 =
12 − 4 =	8 × 4 =	6 + 2 =
9 − 1 =	11 − 3 =	9 − 7 =
4 + 6 =	6 × 4 =	7 × 6 =
7 × 3 =	3 + 9 =	5 + 8 =
13 − 4 =	8 × 8 =	8 − 2 =
10 − 3 =	6 × 7 =	7 + 5 =
9 × 5 =	6 + 4 =	9 × 2 =
15 − 7 =	13 − 6 =	6 + 8 =
5 + 9 =	9 + 3 =	17 − 9 =

Tag 43

Benötigte Zeit ____ : ____

$6 \times 9 =$ ____

$7 - 1 =$ ____

$4 + 1 =$ ____

$11 - 9 =$ ____

$5 \times 0 =$ ____

$8 + 5 =$ ____

$9 \times 4 =$ ____

$1 + 9 =$ ____

$8 \times 5 =$ ____

$9 + 4 =$ ____

$5 - 1 =$ ____

$11 - 7 =$ ____

$2 + 8 =$ ____

$3 \times 2 =$ ____

$5 + 5 =$ ____

$10 - 5 =$ ____

$4 + 8 =$ ____

$8 - 4 =$ ____

$10 - 4 =$ ____

$0 + 5 =$ ____

$9 \times 8 =$ ____

$12 - 3 =$ ____

$7 \times 5 =$ ____

$3 + 5 =$ ____

$14 - 8 =$ ____

$8 - 5 =$ ____

$9 \times 3 =$ ____

$15 - 6 =$ ____

$9 + 7 =$ ____

$3 \times 3 =$ ____

$8 + 8 =$ ____

$12 - 6 =$ ____

$4 + 7 =$ ____

$7 \times 9 =$ ____

$1 + 0 =$ ____

$7 - 4 =$ ____

$3 \times 5 =$ ____

$4 \times 9 =$ ____

$7 + 6 =$ ____

$9 \times 7 =$ ____

$11 - 6 =$ ____

$6 + 1 =$ ____

$6 \times 5 =$ ____

$8 + 9 =$ ____

$8 - 7 =$ ____

$4 \times 5 =$ ____

$14 - 6 =$ ____

$2 + 4 =$ ____

$10 - 2 =$ ____

$6 \times 2 =$ ____

Ende (Uhr) ____ : ____

Tag 44

Datum T M

Start (Uhr) :

	7 − 3 =	9 × 7 =
5 + 2 =	8 − 2 =	4 − 2 =
3 × 5 =	7 × 0 =	4 + 5 =
11 − 2 =	2 + 6 =	6 − 2 =
9 + 2 =	6 × 8 =	3 × 3 =
4 × 3 =	7 + 4 =	14 − 8 =
9 − 9 =	5 − 3 =	3 + 5 =
8 × 6 =	12 − 7 =	9 + 4 =
1 + 7 =	9 × 2 =	9 − 3 =
14 − 9 =	5 × 1 =	4 × 6 =
5 + 8 =	7 + 9 =	12 − 9 =
9 × 9 =	6 + 8 =	8 × 2 =
3 + 6 =	4 × 9 =	8 + 6 =
13 − 6 =	3 + 0 =	11 − 4 =
9 × 6 =	2 × 5 =	3 + 9 =
8 + 4 =	3 × 8 =	17 − 9 =
15 − 6 =	8 + 7 =	9 × 3 =

Tag 44

Benötigte Zeit :

$3 - 2 =$

$4 \times 5 =$

$3 + 7 =$

$4 + 3 =$

$6 \times 9 =$

$6 + 5 =$

$12 - 6 =$

$8 - 7 =$

$1 + 2 =$

$8 \times 3 =$

$10 - 6 =$

$3 \times 7 =$

$7 + 7 =$

$5 \times 6 =$

$15 - 9 =$

$6 \times 2 =$

$7 \times 9 =$

$5 \times 4 =$

$8 - 3 =$

$6 + 7 =$

$7 \times 2 =$

$9 \times 4 =$

$3 + 1 =$

$9 - 1 =$

$17 - 8 =$

$7 \times 7 =$

$11 - 6 =$

$3 + 8 =$

$3 - 2 =$

$2 + 1 =$

$5 + 6 =$

$13 - 7 =$

$6 \times 0 =$

$12 - 3 =$

$3 + 2 =$

$7 + 8 =$

$3 \times 2 =$

$9 - 6 =$

$5 + 7 =$

$3 \times 9 =$

$8 + 5 =$

$12 - 5 =$

$2 + 5 =$

$15 - 8 =$

$2 \times 9 =$

$13 - 5 =$

$5 \times 3 =$

$9 + 8 =$

$7 + 5 =$

$12 - 4 =$

Ende (Uhr) :

Tag 45

Datum T M

Start (Uhr) :

7 − 3 =
3 + 6 =
8 + 4 =
9 − 8 =
1 × 5 =
14 − 6 =
2 + 9 =
8 × 7 =
4 + 2 =
7 − 4 =
3 × 4 =
10 − 2 =
2 × 9 =
5 + 7 =
4 × 3 =
15 − 8 =

6 × 8 =
14 − 5 =
1 + 3 =
2 × 5 =
9 − 4 =
7 + 0 =
10 − 6 =
7 × 3 =
2 × 2 =
6 + 3 =
3 + 8 =
7 × 8 =
12 − 9 =
4 + 7 =
8 − 2 =
6 × 3 =
6 + 7 =

13 − 5 =
4 + 9 =
8 − 3 =
13 − 7 =
1 + 8 =
3 × 3 =
7 + 4 =
4 − 3 =
6 × 9 =
17 − 8 =
2 × 4 =
7 + 6 =
8 × 4 =
2 + 3 =
14 − 7 =
8 + 6 =
5 × 3 =

Tag 45

Benötigte Zeit ___ : ___

10 − 8 = ☐	6 − 2 = ☐	4 × 4 = ☐
3 × 9 = ☐	5 + 0 = ☐	8 + 9 = ☐
8 + 8 = ☐	9 × 6 = ☐	10 − 7 = ☐
4 + 3 = ☐	12 − 7 = ☐	6 × 6 = ☐
5 × 9 = ☐	4 × 7 = ☐	3 × 5 = ☐
8 − 8 = ☐	6 − 4 = ☐	9 + 7 = ☐
6 + 1 = ☐	8 × 3 = ☐	3 + 4 = ☐
5 − 3 = ☐	8 + 5 = ☐	7 − 0 = ☐
8 × 9 = ☐	10 − 3 = ☐	4 × 9 = ☐
11 − 5 = ☐	9 × 3 = ☐	5 + 8 = ☐
6 + 8 = ☐	3 + 5 = ☐	4 − 1 = ☐
2 × 3 = ☐	9 + 4 = ☐	9 × 5 = ☐
9 + 5 = ☐	11 − 4 = ☐	9 + 0 = ☐
8 × 2 = ☐	5 × 8 = ☐	10 − 4 = ☐
13 − 9 = ☐	17 − 9 = ☐	9 + 2 = ☐
4 + 9 = ☐	7 × 1 = ☐	14 − 7 = ☐
6 × 2 = ☐	1 + 9 = ☐	

Ende (Uhr) ___ : ___

Test des präfrontalen Cortex · · · · ☐ T ☐ M

I. Test: schnell zählen

Zählen Sie von 1 bis 120 – laut und so schnell Sie können. Notieren Sie die dafür benötigte Zeit.

☐ Sekunden

II. Test: Wörter merken

Versuchen Sie sich in zwei Minuten möglichst viele der folgenden Begriffe zu merken.

Erdnuss	**Summe**	**Familie**	**Karte**	**Stunde**	**Ball**
Melone	**Satz**	**Regen**	**Schlange**	**Team**	**Parade**
Licht	**Säule**	**Energie**	**Löffel**	**Grund**	**Name**
Macht	**Welle**	**Körper**	**Objekt**	**Geld**	**Fluss**
Tür	**Reise**	**Völker**	**Stop**	**Leinen**	**Melodie**

Schreiben Sie jetzt so viele Wörter in die Felder auf der nächsten Seite, wie Sie im Gedächtnis behalten haben. An wie viele konnten Sie sich erinnern?

Anzahl der gemerkten Begriffe ☐ Wörter

Test: Wörter merken – Antworten

III. Stroop-Test

Machen Sie den Stroop-Test für Woche 9 (siehe Seite 184).

Woche 9

Tag 46

Datum T M

Start (Uhr) :

	$8 + 8 =$	$4 \times 7 =$
$4 + 2 =$	$7 \times 3 =$	$8 - 3 =$
$6 \times 4 =$	$12 - 9 =$	$6 + 5 =$
$5 - 3 =$	$8 + 3 =$	$2 + 7 =$
$2 + 9 =$	$4 - 4 =$	$7 \times 1 =$
$13 - 9 =$	$7 + 6 =$	$9 + 5 =$
$1 \times 5 =$	$3 + 2 =$	$16 - 7 =$
$3 + 6 =$	$8 \times 3 =$	$1 + 1 =$
$5 \times 7 =$	$7 - 2 =$	$8 \times 9 =$
$7 - 4 =$	$2 \times 8 =$	$11 - 3 =$
$4 \times 9 =$	$14 - 9 =$	$5 \times 6 =$
$9 + 7 =$	$6 + 7 =$	$2 - 1 =$
$8 - 2 =$	$2 \times 9 =$	$5 + 4 =$
$8 + 6 =$	$12 - 5 =$	$11 - 4 =$
$9 \times 9 =$	$4 + 4 =$	$5 \times 5 =$
$16 - 8 =$	$3 \times 5 =$	$1 + 9 =$
$0 \times 3 =$	$9 + 8 =$	$10 - 7 =$

Tag 46

Benötigte Zeit ____ : ____

8 − 7 =	5 × 2 =	3 + 4 =
8 + 4 =	10 − 6 =	9 − 1 =
3 + 3 =	8 + 2 =	2 × 6 =
9 × 3 =	13 − 7 =	11 − 5 =
6 + 8 =	6 − 5 =	3 + 9 =
3 × 4 =	2 + 0 =	4 × 5 =
10 − 2 =	8 × 2 =	9 − 8 =
7 − 6 =	12 − 3 =	2 × 4 =
6 + 9 =	4 + 6 =	1 + 7 =
2 × 7 =	9 × 0 =	8 + 5 =
5 − 1 =	2 + 3 =	3 × 9 =
3 + 5 =	5 + 6 =	12 − 4 =
8 × 8 =	6 − 3 =	7 × 8 =
15 − 7 =	3 × 8 =	10 − 9 =
9 + 6 =	16 − 9 =	9 + 1 =
3 × 2 =	15 − 8 =	6 × 8 =
11 − 6 =	6 × 7 =	

Ende (Uhr) ____ : ____

Tag 47

Datum T M

Start (Uhr) :

	10 − 6 =	8 × 7 =
7 × 7 =	5 + 2 =	1 + 6 =
6 − 3 =	6 × 7 =	4 × 3 =
2 + 5 =	6 + 4 =	14 − 9 =
7 + 4 =	8 − 7 =	9 + 7 =
5 × 6 =	2 × 8 =	9 × 2 =
7 − 1 =	7 + 2 =	2 − 1 =
6 × 4 =	11 − 9 =	2 + 4 =
10 − 8 =	8 × 5 =	8 + 3 =
6 + 3 =	6 − 4 =	7 × 2 =
9 × 9 =	4 + 4 =	3 + 5 =
13 − 7 =	2 × 1 =	11 − 4 =
9 + 9 =	8 + 4 =	12 − 7 =
4 × 2 =	3 × 8 =	7 + 6 =
8 − 4 =	15 − 7 =	5 × 7 =
15 − 9 =	2 + 9 =	11 − 2 =
8 + 8 =	5 × 5 =	3 + 8 =

Tag 47

Benötigte Zeit ___ : ___

6 × 5 = ☐	2 + 3 = ☐	1 − 1 = ☐
8 − 2 = ☐	4 × 5 = ☐	14 − 7 = ☐
1 + 3 = ☐	9 − 3 = ☐	8 × 8 = ☐
12 − 9 = ☐	7 + 8 = ☐	7 + 1 = ☐
5 + 8 = ☐	2 × 5 = ☐	6 × 5 = ☐
9 × 5 = ☐	0 + 4 = ☐	3 × 3 = ☐
2 + 8 = ☐	11 − 3 = ☐	7 − 4 = ☐
3 + 2 = ☐	5 × 8 = ☐	5 + 1 = ☐
5 × 4 = ☐	4 + 8 = ☐	9 + 8 = ☐
9 − 0 = ☐	5 − 1 = ☐	8 × 1 = ☐
2 × 3 = ☐	10 − 3 = ☐	16 − 9 = ☐
3 + 9 = ☐	5 × 1 = ☐	7 + 9 = ☐
9 + 5 = ☐	5 + 6 = ☐	4 × 7 = ☐
3 × 7 = ☐	8 × 4 = ☐	9 × 8 = ☐
10 − 2 = ☐	7 × 8 = ☐	8 + 5 = ☐
14 − 8 = ☐	9 + 2 = ☐	14 − 6 = ☐
11 − 6 = ☐	11 − 5 = ☐	

Ende (Uhr) ___ : ___

Tag 48

Datum T M

Start (Uhr) :

$3 + 5 =$

$9 + 6 =$

$2 \times 7 =$

$6 \times 2 =$

$8 - 5 =$

$3 + 2 =$

$7 - 4 =$

$15 - 8 =$

$1 + 9 =$

$4 \times 6 =$

$15 - 9 =$

$3 \times 4 =$

$6 \times 9 =$

$7 + 6 =$

$17 - 9 =$

$9 \times 4 =$

$8 \times 8 =$

$11 - 3 =$

$2 + 6 =$

$7 - 1 =$

$14 - 8 =$

$3 \times 3 =$

$8 + 3 =$

$0 \times 8 =$

$4 + 0 =$

$2 \times 2 =$

$4 + 7 =$

$2 \times 5 =$

$8 - 7 =$

$3 + 9 =$

$5 + 6 =$

$4 \times 5 =$

$11 - 9 =$

$5 + 4 =$

$7 - 3 =$

$8 \times 2 =$

$6 + 8 =$

$3 \times 7 =$

$8 + 1 =$

$6 \times 6 =$

$7 + 1 =$

$17 - 8 =$

$7 - 5 =$

$6 + 9 =$

$11 - 5 =$

$5 \times 4 =$

$10 - 3 =$

$7 \times 5 =$

$13 - 6 =$

$8 + 8 =$

Tag 48

Benötigte Zeit ___ : ___

4 − 0 = ☐	3 + 4 = ☐	4 × 2 = ☐
10 − 1 = ☐	6 − 4 = ☐	2 + 5 = ☐
6 + 3 = ☐	7 + 8 = ☐	7 − 6 = ☐
5 × 5 = ☐	6 × 3 = ☐	11 − 4 = ☐
13 − 9 = ☐	8 + 6 = ☐	5 × 9 = ☐
7 × 3 = ☐	3 × 2 = ☐	15 − 6 = ☐
2 + 1 = ☐	10 − 8 = ☐	7 + 3 = ☐
15 − 7 = ☐	0 + 3 = ☐	5 + 5 = ☐
5 − 3 = ☐	6 × 7 = ☐	4 × 3 = ☐
9 × 3 = ☐	1 + 9 = ☐	6 + 7 = ☐
12 − 6 = ☐	5 − 2 = ☐	9 − 5 = ☐
3 + 7 = ☐	8 × 9 = ☐	6 × 8 = ☐
8 × 3 = ☐	16 − 7 = ☐	7 + 7 = ☐
7 × 6 = ☐	8 + 0 = ☐	9 × 9 = ☐
16 − 8 = ☐	12 − 8 = ☐	4 + 8 = ☐
9 + 7 = ☐	3 × 5 = ☐	16 − 9 = ☐
3 × 9 = ☐	7 + 9 = ☐	

Ende (Uhr) ___ : ___

Tag 49

Datum T M

Start (Uhr) :

	2 + 5 =	8 − 3 =
5 × 3 =	7 − 2 =	9 × 7 =
8 − 1 =	9 × 8 =	3 + 5 =
3 + 6 =	4 − 3 =	13 − 5 =
8 × 4 =	9 + 8 =	8 + 6 =
7 + 5 =	15 − 6 =	6 × 7 =
9 − 8 =	8 + 1 =	9 − 4 =
5 + 4 =	6 × 8 =	5 × 6 =
3 × 4 =	9 − 5 =	3 + 1 =
1 × 7 =	2 × 3 =	10 − 9 =
8 + 7 =	18 − 9 =	6 + 9 =
6 + 6 =	2 × 5 =	4 + 5 =
14 − 5 =	7 + 6 =	8 × 9 =
2 × 9 =	13 − 4 =	16 − 7 =
17 − 9 =	8 + 2 =	4 × 7 =
4 × 5 =	10 − 7 =	9 + 5 =
7 + 4 =	5 × 2 =	12 − 8 =

Benötigte Zeit ___ : ___

$6 \times 3 =$	$4 + 4 =$	$8 - 2 =$
$5 + 8 =$	$3 + 9 =$	$4 + 1 =$
$12 - 9 =$	$2 \times 4 =$	$6 + 8 =$
$8 - 6 =$	$7 - 4 =$	$2 + 7 =$
$4 \times 3 =$	$8 + 4 =$	$7 \times 9 =$
$9 - 3 =$	$3 + 0 =$	$10 - 1 =$
$1 + 3 =$	$9 \times 9 =$	$8 + 7 =$
$7 \times 6 =$	$11 - 5 =$	$6 - 6 =$
$17 - 8 =$	$7 + 7 =$	$1 + 6 =$
$8 \times 5 =$	$13 - 9 =$	$5 \times 9 =$
$7 + 9 =$	$5 \times 7 =$	$10 - 4 =$
$6 - 3 =$	$5 + 9 =$	$2 \times 8 =$
$2 \times 7 =$	$9 \times 2 =$	$6 + 4 =$
$9 + 3 =$	$16 - 8 =$	$3 \times 8 =$
$16 - 9 =$	$4 + 9 =$	$11 - 4 =$
$5 \times 8 =$	$15 - 6 =$	$3 \times 9 =$
$14 - 7 =$	$4 \times 8 =$	

Ende (Uhr) ___ : ___

Tag 50

Datum ______ T ______ M

Start (Uhr) ______ : ______

$2 + 1 =$ ______

$6 + 9 =$ ______

$7 \times 6 =$ ______

$8 - 2 =$ ______

$13 - 4 =$ ______

$6 + 2 =$ ______

$7 - 2 =$ ______

$0 \times 7 =$ ______

$2 + 4 =$ ______

$6 \times 5 =$ ______

$5 + 7 =$ ______

$12 - 8 =$ ______

$9 \times 9 =$ ______

$11 - 7 =$ ______

$3 \times 1 =$ ______

$2 + 9 =$ ______

$6 \times 6 =$ ______

$7 + 3 =$ ______

$5 - 1 =$ ______

$8 + 7 =$ ______

$10 - 5 =$ ______

$8 \times 7 =$ ______

$6 + 8 =$ ______

$4 \times 5 =$ ______

$7 - 7 =$ ______

$11 - 8 =$ ______

$2 \times 9 =$ ______

$9 + 1 =$ ______

$2 \times 4 =$ ______

$3 + 6 =$ ______

$9 \times 4 =$ ______

$7 + 4 =$ ______

$11 - 4 =$ ______

$12 - 3 =$ ______

$6 - 2 =$ ______

$4 + 2 =$ ______

$9 + 2 =$ ______

$8 - 6 =$ ______

$7 \times 3 =$ ______

$17 - 9 =$ ______

$9 - 1 =$ ______

$4 \times 7 =$ ______

$2 + 6 =$ ______

$4 + 9 =$ ______

$2 \times 6 =$ ______

$12 - 9 =$ ______

$4 \times 3 =$ ______

$5 + 5 =$ ______

$18 - 9 =$ ______

$9 \times 7 =$ ______

Tag 50

Benötigte Zeit ___ : ___

$6 - 1 =$ ☐

$3 + 5 =$ ☐

$4 \times 9 =$ ☐

$7 \times 2 =$ ☐

$8 - 7 =$ ☐

$10 - 9 =$ ☐

$2 \times 3 =$ ☐

$9 + 5 =$ ☐

$15 - 7 =$ ☐

$4 \times 8 =$ ☐

$1 + 4 =$ ☐

$7 + 9 =$ ☐

$11 - 3 =$ ☐

$6 \times 4 =$ ☐

$10 - 2 =$ ☐

$8 \times 3 =$ ☐

$5 + 9 =$ ☐

$4 + 6 =$ ☐

$9 \times 0 =$ ☐

$15 - 9 =$ ☐

$3 \times 5 =$ ☐

$9 + 9 =$ ☐

$16 - 7 =$ ☐

$3 + 0 =$ ☐

$6 - 4 =$ ☐

$9 \times 2 =$ ☐

$8 + 3 =$ ☐

$8 - 5 =$ ☐

$7 \times 7 =$ ☐

$7 + 2 =$ ☐

$3 \times 8 =$ ☐

$7 \times 9 =$ ☐

$4 + 8 =$ ☐

$10 - 6 =$ ☐

$12 - 6 =$ ☐

$3 + 9 =$ ☐

$8 \times 2 =$ ☐

$9 + 0 =$ ☐

$8 \times 8 =$ ☐

$2 - 1 =$ ☐

$4 + 5 =$ ☐

$7 - 6 =$ ☐

$12 - 5 =$ ☐

$4 \times 6 =$ ☐

$7 + 5 =$ ☐

$8 \times 6 =$ ☐

$5 + 6 =$ ☐

$14 - 8 =$ ☐

$6 + 7 =$ ☐

$6 \times 3 =$ ☐

Ende (Uhr) ___ : ___

Test des präfrontalen Cortex • • • • [ ] T [ ] M

I. Test: schnell zählen

Zählen Sie von 1 bis 120 – laut und so schnell Sie können. Notieren Sie die dafür benötigte Zeit.

[ ] Sekunden

II. Test: Wörter merken

Versuchen Sie sich in zwei Minuten möglichst viele der folgenden Begriffe zu merken.

Meer	**Rücken**	**Kunst**	**Berg**	**Pfund**	**Verb**
Fang	**Sinn**	**Vater**	**Holz**	**Mittag**	**Ton**
Gast	**Design**	**Lager**	**Mantel**	**Netz**	**Fisch**
Rekord	**Pflanze**	**Nachbar**	**Star**	**Leder**	**Methode**
Test	**Mahl**	**Doktor**	**Produkt**	**Länge**	**Marke**

Schreiben Sie jetzt so viele Wörter in die Felder auf der nächsten Seite, wie Sie im Gedächtnis behalten haben. An wie viele konnten Sie sich erinnern?

Anzahl der gemerkten Begriffe [ ] Wörter

Test: Wörter merken – Antworten

Woche 10

III. Stroop-Test

Machen Sie den Stroop-Test für Woche 10 (siehe Seite 185).

Tag 51

Datum T M

Start (Uhr) :

$6 \times 5 =$

$9 - 9 =$

$7 + 3 =$

$6 - 2 =$

$8 + 6 =$

$2 + 2 =$

$9 \times 9 =$

$8 - 6 =$

$1 \times 7 =$

$10 - 3 =$

$4 + 6 =$

$6 \times 9 =$

$12 - 6 =$

$3 + 5 =$

$2 \times 6 =$

$8 + 8 =$

$4 \times 3 =$

$9 - 8 =$

$6 + 4 =$

$5 + 3 =$

$7 + 4 =$

$8 + 9 =$

$13 - 4 =$

$2 + 6 =$

$7 \times 2 =$

$11 - 5 =$

$5 \times 7 =$

$3 - 2 =$

$4 + 5 =$

$10 - 9 =$

$8 \times 4 =$

$9 + 5 =$

$13 - 7 =$

$9 \times 5 =$

$6 + 1 =$

$5 \times 5 =$

$9 - 5 =$

$6 + 6 =$

$10 - 8 =$

$6 \times 7 =$

$2 + 5 =$

$4 \times 8 =$

$4 - 1 =$

$5 \times 2 =$

$3 + 8 =$

$7 - 4 =$

$8 \times 9 =$

$8 + 5 =$

$15 - 6 =$

$9 \times 3 =$

Tag 51

Benötigte Zeit ____ : ____

3 × 5 =	3 + 6 =	7 − 1 =
16 − 9 =	7 − 5 =	9 + 8 =
6 + 7 =	5 × 9 =	5 + 0 =
9 × 1 =	13 − 5 =	7 × 9 =
8 − 5 =	6 + 8 =	5 + 8 =
4 + 4 =	8 × 3 =	3 × 7 =
3 × 6 =	9 − 3 =	13 − 8 =
10 − 4 =	7 × 4 =	9 − 6 =
5 + 6 =	1 + 7 =	2 × 7 =
3 × 4 =	9 + 2 =	2 + 8 =
1 + 5 =	1 × 1 =	1 − 1 =
9 + 4 =	11 − 3 =	2 + 4 =
4 − 2 =	9 × 7 =	11 − 4 =
7 × 8 =	17 − 9 =	13 − 6 =
11 − 9 =	7 + 5 =	9 + 1 =
17 − 8 =	9 × 4 =	6 × 8 =
14 − 9 =	2 × 2 =	

Ende (Uhr) ____ : ____

Tag 52

Datum ___ T ___ M

Start (Uhr) ___ : ___

	$5 \times 5 =$ ☐	$6 \times 3 =$ ☐
$3 + 5 =$ ☐	$2 + 6 =$ ☐	$1 \times 6 =$ ☐
$8 \times 7 =$ ☐	$2 \times 3 =$ ☐	$8 - 5 =$ ☐
$9 + 1 =$ ☐	$14 - 5 =$ ☐	$5 + 2 =$ ☐
$4 - 4 =$ ☐	$6 + 5 =$ ☐	$7 + 4 =$ ☐
$1 \times 8 =$ ☐	$4 \times 1 =$ ☐	$4 \times 8 =$ ☐
$2 + 6 =$ ☐	$9 - 3 =$ ☐	$9 - 6 =$ ☐
$14 - 9 =$ ☐	$8 + 1 =$ ☐	$9 \times 5 =$ ☐
$3 \times 4 =$ ☐	$14 - 8 =$ ☐	$13 - 4 =$ ☐
$6 - 3 =$ ☐	$6 \times 5 =$ ☐	$3 + 6 =$ ☐
$4 + 5 =$ ☐	$4 + 3 =$ ☐	$2 \times 7 =$ ☐
$6 \times 6 =$ ☐	$17 - 8 =$ ☐	$11 - 5 =$ ☐
$8 + 4 =$ ☐	$16 - 9 =$ ☐	$9 + 5 =$ ☐
$2 \times 6 =$ ☐	$2 + 8 =$ ☐	$7 \times 5 =$ ☐
$10 - 7 =$ ☐	$7 \times 8 =$ ☐	$9 - 2 =$ ☐
$3 + 9 =$ ☐	$13 - 6 =$ ☐	$15 - 7 =$ ☐
$5 \times 8 =$ ☐	$8 + 7 =$ ☐	$1 + 9 =$ ☐

Tag 52

Benötigte Zeit ___ : ___

5 + 1 = ☐	4 − 2 = ☐	9 × 6 = ☐
7 × 3 = ☐	16 − 8 = ☐	7 − 6 = ☐
3 − 3 = ☐	3 × 2 = ☐	6 + 3 = ☐
9 + 2 = ☐	1 + 6 = ☐	15 − 9 = ☐
8 × 6 = ☐	2 × 4 = ☐	9 + 3 = ☐
2 + 3 = ☐	9 × 1 = ☐	7 × 4 = ☐
13 − 7 = ☐	8 − 3 = ☐	8 + 5 = ☐
7 × 9 = ☐	4 + 4 = ☐	3 + 4 = ☐
6 + 9 = ☐	9 + 7 = ☐	9 × 9 = ☐
5 − 1 = ☐	5 × 6 = ☐	9 − 5 = ☐
11 − 4 = ☐	13 − 9 = ☐	8 × 3 = ☐
2 × 9 = ☐	8 + 8 = ☐	8 + 6 = ☐
3 + 7 = ☐	3 × 6 = ☐	8 + 3 = ☐
4 × 4 = ☐	6 × 7 = ☐	3 × 9 = ☐
12 − 7 = ☐	7 + 7 = ☐	10 − 9 = ☐
9 + 2 = ☐	11 − 8 = ☐	16 − 7 = ☐
14 − 7 = ☐	12 − 5 = ☐	

Ende (Uhr) ___ : ___

Tag 53

Datum ___ T ___ M

Start (Uhr) ___ : ___

$12 - 6 =$

$6 + 2 =$

$3 - 2 =$

$13 - 8 =$

$4 \times 3 =$

$9 + 6 =$

$3 \times 3 =$

$8 + 1 =$

$4 - 3 =$

$4 + 8 =$

$5 \times 1 =$

$9 - 3 =$

$7 + 8 =$

$6 + 5 =$

$7 \times 3 =$

$17 - 9 =$

$2 + 7 =$

$4 - 0 =$

$6 \times 7 =$

$9 + 7 =$

$8 \times 0 =$

$1 + 3 =$

$7 \times 9 =$

$3 + 5 =$

$5 + 8 =$

$9 - 4 =$

$3 + 7 =$

$12 - 3 =$

$3 \times 2 =$

$10 - 6 =$

$8 \times 7 =$

$12 - 4 =$

$2 + 8 =$

$9 \times 8 =$

$1 + 6 =$

$6 + 7 =$

$3 \times 8 =$

$9 \times 7 =$

$9 - 1 =$

$6 + 3 =$

$6 - 2 =$

$10 - 1 =$

$8 + 3 =$

$3 \times 7 =$

$11 - 9 =$

$9 \times 6 =$

$2 \times 6 =$

$7 + 3 =$

$18 - 9 =$

$4 \times 7 =$

Tag 53

Benötigte Zeit ___ : ___

$5 + 1 =$ ☐	$2 \times 7 =$ ☐	$2 - 1 =$ ☐
$7 - 7 =$ ☐	$7 + 2 =$ ☐	$10 - 9 =$ ☐
$9 + 1 =$ ☐	$6 - 1 =$ ☐	$5 + 4 =$ ☐
$6 \times 5 =$ ☐	$17 - 8 =$ ☐	$3 \times 6 =$ ☐
$8 + 7 =$ ☐	$8 \times 1 =$ ☐	$11 - 3 =$ ☐
$9 \times 3 =$ ☐	$11 - 4 =$ ☐	$6 \times 8 =$ ☐
$10 - 5 =$ ☐	$1 + 9 =$ ☐	$3 + 3 =$ ☐
$0 + 6 =$ ☐	$3 + 8 =$ ☐	$15 - 6 =$ ☐
$5 \times 7 =$ ☐	$9 \times 5 =$ ☐	$7 - 5 =$ ☐
$4 + 6 =$ ☐	$7 + 4 =$ ☐	$2 \times 8 =$ ☐
$7 - 4 =$ ☐	$9 - 8 =$ ☐	$9 + 9 =$ ☐
$2 \times 2 =$ ☐	$2 \times 4 =$ ☐	$13 - 9 =$ ☐
$15 - 8 =$ ☐	$7 + 9 =$ ☐	$4 \times 6 =$ ☐
$4 + 3 =$ ☐	$4 \times 6 =$ ☐	$8 \times 6 =$ ☐
$11 - 7 =$ ☐	$9 + 2 =$ ☐	$10 - 7 =$ ☐
$5 \times 5 =$ ☐	$14 - 9 =$ ☐	$6 + 9 =$ ☐
$8 + 4 =$ ☐	$7 \times 4 =$ ☐	

Ende (Uhr) ___ : ___

Tag 54

Datum T M

Start (Uhr) :

	4 − 3 =	3 + 3 =
8 − 3 =	4 × 8 =	9 × 2 =
9 × 4 =	2 + 7 =	4 − 4 =
3 − 2 =	17 − 9 =	7 × 5 =
6 + 9 =	3 + 7 =	4 + 2 =
12 − 4 =	1 × 9 =	1 + 9 =
2 + 1 =	8 − 7 =	5 − 1 =
3 × 2 =	2 × 4 =	6 + 2 =
6 − 4 =	3 + 6 =	8 × 4 =
5 × 2 =	10 − 3 =	5 × 6 =
13 − 9 =	8 + 4 =	7 + 9 =
8 × 5 =	4 + 3 =	4 + 8 =
7 + 2 =	9 × 5 =	10 − 5 =
14 − 7 =	14 − 9 =	9 × 7 =
8 + 7 =	4 × 4 =	11 − 8 =
13 − 5 =	2 + 9 =	3 × 5 =
6 × 5 =	11 − 7 =	8 + 6 =

Benötigte Zeit ___ : ___

$2 + 2 =$	$6 - 1 =$	$5 \times 9 =$
$6 + 8 =$	$5 + 4 =$	$4 + 8 =$
$7 \times 2 =$	$9 + 3 =$	$15 - 7 =$
$9 - 4 =$	$2 + 5 =$	$5 - 3 =$
$1 + 7 =$	$9 \times 6 =$	$4 \times 6 =$
$8 + 1 =$	$10 - 8 =$	$7 - 2 =$
$6 \times 3 =$	$6 + 4 =$	$5 + 3 =$
$11 - 8 =$	$9 - 5 =$	$6 \times 8 =$
$4 + 6 =$	$3 + 4 =$	$13 - 8 =$
$16 - 9 =$	$2 \times 2 =$	$9 \times 3 =$
$3 \times 7 =$	$13 - 6 =$	$9 + 5 =$
$9 + 4 =$	$2 \times 5 =$	$8 - 6 =$
$8 \times 2 =$	$8 + 5 =$	$5 \times 3 =$
$15 - 6 =$	$7 \times 6 =$	$6 + 6 =$
$7 + 4 =$	$14 - 5 =$	$10 - 4 =$
$12 - 8 =$	$5 \times 8 =$	$4 \times 5 =$
$2 \times 9 =$	$17 - 8 =$	

Ende (Uhr) ___ : ___

Tag 55

Datum T M

Start (Uhr) :

$1 + 3 =$

$6 - 5 =$

$5 + 7 =$

$11 - 8 =$

$3 \times 7 =$

$9 + 8 =$

$6 \times 9 =$

$9 - 5 =$

$15 - 7 =$

$3 \times 3 =$

$3 + 9 =$

$8 \times 6 =$

$5 + 3 =$

$7 \times 8 =$

$9 + 4 =$

$10 - 6 =$

$16 - 8 =$

$4 - 1 =$

$7 + 2 =$

$5 + 6 =$

$8 - 7 =$

$4 \times 9 =$

$6 \times 2 =$

$7 - 2 =$

$3 \times 6 =$

$6 + 0 =$

$9 + 9 =$

$6 \times 5 =$

$16 - 7 =$

$7 \times 3 =$

$2 + 8 =$

$11 - 5 =$

$2 \times 3 =$

$3 \times 9 =$

$4 + 2 =$

$7 + 9 =$

$8 \times 5 =$

$9 - 1 =$

$12 - 8 =$

$4 + 5 =$

$8 - 3 =$

$9 \times 8 =$

$1 + 2 =$

$0 \times 7 =$

$9 + 3 =$

$11 - 2 =$

$8 \times 3 =$

$14 - 6 =$

$9 \times 7 =$

$5 + 8 =$

Tag 55

Benötigte Zeit :

$9 + 6 =$

$4 \times 5 =$

$11 - 9 =$

$5 \times 8 =$

$5 + 5 =$

$12 - 3 =$

$6 + 2 =$

$7 - 1 =$

$8 \times 8 =$

$4 + 7 =$

$4 - 2 =$

$2 \times 5 =$

$5 + 1 =$

$4 \times 3 =$

$5 \times 6 =$

$2 + 9 =$

$12 - 5 =$

$10 - 1 =$

$3 + 7 =$

$9 \times 2 =$

$5 + 4 =$

$3 \times 8 =$

$7 - 3 =$

$1 + 6 =$

$14 - 7 =$

$6 - 4 =$

$7 \times 7 =$

$9 + 1 =$

$3 \times 4 =$

$8 + 9 =$

$12 - 7 =$

$4 + 6 =$

$5 \times 3 =$

$6 + 6 =$

$8 - 0 =$

$3 + 6 =$

$4 \times 2 =$

$9 \times 4 =$

$6 - 2 =$

$14 - 8 =$

$7 \times 4 =$

$5 + 8 =$

$11 - 4 =$

$4 \times 6 =$

$3 + 1 =$

$8 + 7 =$

$13 - 5 =$

$6 \times 6 =$

$11 - 9 =$

$9 \times 3 =$

Ende (Uhr) :

Test des präfrontalen Cortex • • • • 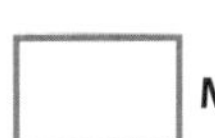 T M 

I. Test: schnell zählen

Zählen Sie von 1 bis 120 – laut und so schnell Sie können. Notieren Sie die dafür benötigte Zeit.

Sekunden

II. Test: Wörter merken

Versuchen Sie sich in zwei Minuten möglichst viele der folgenden Begriffe zu merken.

Form	**Nudel**	**Artikel**	**Milch**	**Muschel**	**Fuß**
Gemüse	**Spiel**	**Vogel**	**Auto**	**Rosine**	**Dreck**
Ergebnis	**Süden**	**Liebe**	**Ziegel**	**Gras**	**Thema**
Güte	**Haus**	**Klang**	**Kraft**	**Koch**	**Moment**
Arm	**Stimme**	**Tagebuch**	**Staat**	**Katze**	**Kürbis**

Schreiben Sie jetzt so viele Wörter in die Felder auf der nächsten Seite, wie Sie im Gedächtnis behalten haben. An wie viele konnten Sie sich erinnern?

Anzahl der gemerkten Begriffe Wörter

Test: Wörter merken – Antworten

III. Stroop-Test

Machen Sie den Stroop-Test für Woche 11 (siehe Seite 186).

Tag 56

Datum ____ T ____ M

Start (Uhr) ____ : ____

	$7 \times 2 =$	$11 - 9 =$
$8 - 7 =$	$3 + 5 =$	$3 \times 6 =$
$7 + 9 =$	$14 - 7 =$	$15 - 8 =$
$3 + 3 =$	$7 - 1 =$	$2 + 8 =$
$3 \times 7 =$	$4 + 6 =$	$9 - 2 =$
$5 + 5 =$	$10 - 8 =$	$8 + 5 =$
$10 - 6 =$	$5 \times 6 =$	$3 + 4 =$
$1 + 8 =$	$6 + 1 =$	$2 \times 7 =$
$7 \times 6 =$	$5 \times 8 =$	$5 - 4 =$
$11 - 5 =$	$8 - 2 =$	$9 \times 8 =$
$5 \times 2 =$	$7 \times 1 =$	$10 - 3 =$
$3 - 1 =$	$9 + 2 =$	$8 + 2 =$
$0 + 2 =$	$7 - 4 =$	$6 \times 5 =$
$12 - 8 =$	$5 + 7 =$	$14 - 6 =$
$6 \times 3 =$	$3 \times 4 =$	$3 + 1 =$
$2 + 9 =$	$13 - 5 =$	$5 \times 4 =$
$4 \times 4 =$	$6 \times 9 =$	$6 + 6 =$

Tag 56

Benötigte Zeit ____ : ____

6 + 2 = ☐	5 − 1 = ☐	8 × 5 = ☐
8 − 4 = ☐	7 + 8 = ☐	11 − 2 = ☐
3 × 5 = ☐	3 + 0 = ☐	5 + 9 = ☐
10 − 4 = ☐	4 × 7 = ☐	14 − 8 = ☐
9 + 6 = ☐	5 + 6 = ☐	6 − 2 = ☐
8 × 8 = ☐	9 × 6 = ☐	3 + 3 = ☐
1 − 1 = ☐	12 − 7 = ☐	6 × 2 = ☐
2 × 2 = ☐	8 − 3 = ☐	16 − 7 = ☐
4 + 2 = ☐	7 + 6 = ☐	3 + 7 = ☐
8 + 6 = ☐	4 × 5 = ☐	9 × 5 = ☐
7 × 3 = ☐	6 − 4 = ☐	1 + 5 = ☐
13 − 8 = ☐	2 + 7 = ☐	9 + 4 = ☐
8 × 7 = ☐	5 × 9 = ☐	9 − 3 = ☐
11 − 3 = ☐	11 − 6 = ☐	12 − 4 = ☐
4 + 7 = ☐	8 + 8 = ☐	13 − 6 = ☐
8 × 2 = ☐	7 × 5 = ☐	18 − 9 = ☐
3 × 9 = ☐	16 − 9 = ☐	

Ende (Uhr) ____ : ____

Tag 57

Datum T M

Start (Uhr) :

	9 × 7 =	11 − 3 =
1 + 6 =	6 × 9 =	3 + 4 =
4 × 8 =	8 − 3 =	6 × 7 =
16 − 9 =	2 + 0 =	8 + 5 =
3 + 8 =	9 + 5 =	7 − 5 =
9 × 3 =	3 × 3 =	9 × 8 =
6 − 5 =	9 − 3 =	5 + 4 =
7 + 1 =	5 × 7 =	11 − 7 =
5 + 5 =	17 − 9 =	8 × 5 =
1 × 6 =	3 + 6 =	7 − 4 =
4 + 4 =	9 × 0 =	0 + 9 =
13 − 9 =	10 − 8 =	2 × 4 =
17 − 8 =	8 + 4 =	7 + 7 =
9 + 3 =	9 × 6 =	2 × 6 =
6 × 3 =	5 − 3 =	10 − 5 =
12 − 4 =	9 + 6 =	3 + 9 =
6 + 8 =	15 − 8 =	7 × 7 =

Tag 57

Benötigte Zeit ___ : ___

$6 - 1 =$	$6 \times 8 =$	$7 + 2 =$
$11 - 8 =$	$8 - 4 =$	$5 \times 8 =$
$4 \times 9 =$	$0 + 3 =$	$9 - 6 =$
$4 + 5 =$	$9 \times 4 =$	$2 + 8 =$
$7 \times 4 =$	$8 + 7 =$	$3 \times 9 =$
$8 \times 6 =$	$6 \times 5 =$	$3 + 2 =$
$9 - 7 =$	$2 + 1 =$	$15 - 9 =$
$2 + 7 =$	$8 + 9 =$	$8 \times 3 =$
$8 + 8 =$	$4 \times 6 =$	$4 + 6 =$
$3 \times 6 =$	$8 - 1 =$	$7 - 2 =$
$12 - 8 =$	$8 \times 3 =$	$14 - 7 =$
$5 + 9 =$	$2 + 9 =$	$3 \times 4 =$
$8 \times 4 =$	$7 + 5 =$	$6 + 7 =$
$6 \times 1 =$	$8 \times 7 =$	$5 \times 4 =$
$9 + 9 =$	$12 - 3 =$	$13 - 8 =$
$10 - 1 =$	$18 - 9 =$	$4 + 7 =$
$12 - 9 =$	$11 - 2 =$	

Ende (Uhr) ___ : ___

Tag 58

Datum T M

Start (Uhr) :

	1 + 7 =	5 × 7 =
7 − 0 =	3 + 6 =	11 − 8 =
8 × 5 =	9 + 8 =	6 + 2 =
6 + 6 =	2 × 4 =	4 − 1 =
9 × 7 =	0 + 5 =	16 − 7 =
4 + 1 =	2 − 1 =	8 × 8 =
2 × 6 =	3 + 3 =	4 + 8 =
5 + 3 =	8 − 4 =	3 × 7 =
10 − 1 =	11 − 5 =	2 + 5 =
8 − 2 =	9 + 2 =	7 − 7 =
5 + 9 =	7 × 4 =	8 + 9 =
13 − 5 =	10 − 5 =	5 × 4 =
7 × 3 =	1 × 9 =	6 − 5 =
11 − 4 =	8 × 6 =	6 + 4 =
2 × 3 =	8 + 4 =	4 + 9 =
15 − 9 =	11 − 7 =	7 × 6 =
8 + 5 =	9 × 5 =	16 − 9 =

Tag 58

Benötigte Zeit ___ : ___

$6 \times 4 =$	$9 - 7 =$	$2 + 2 =$
$1 + 0 =$	$10 - 6 =$	$8 - 4 =$
$7 - 3 =$	$2 + 4 =$	$2 + 9 =$
$11 - 9 =$	$7 \times 7 =$	$5 \times 2 =$
$7 \times 1 =$	$12 - 9 =$	$8 + 8 =$
$14 - 6 =$	$9 \times 8 =$	$7 \times 2 =$
$5 + 5 =$	$4 + 3 =$	$12 - 3 =$
$9 + 7 =$	$12 - 6 =$	$5 + 2 =$
$4 \times 8 =$	$7 - 1 =$	$2 \times 9 =$
$7 + 3 =$	$4 \times 3 =$	$7 + 8 =$
$8 - 1 =$	$16 - 8 =$	$5 - 1 =$
$5 \times 6 =$	$9 + 4 =$	$4 \times 6 =$
$6 + 8 =$	$6 \times 6 =$	$10 - 2 =$
$8 \times 7 =$	$3 \times 5 =$	$5 + 4 =$
$7 + 4 =$	$13 - 9 =$	$17 - 8 =$
$18 - 9 =$	$3 + 8 =$	$3 \times 2 =$
$5 + 6 =$	$9 \times 4 =$	

Ende (Uhr) ___ : ___

Tag 59

Datum T M

Start (Uhr) :

	$4 - 1 =$	$3 + 3 =$
$8 \times 2 =$	$2 \times 3 =$	$5 - 2 =$
$4 + 5 =$	$7 - 6 =$	$8 \times 8 =$
$10 - 5 =$	$2 + 1 =$	$3 - 2 =$
$9 + 4 =$	$6 \times 2 =$	$7 + 9 =$
$2 \times 7 =$	$6 + 7 =$	$12 - 8 =$
$7 - 7 =$	$9 - 2 =$	$1 + 5 =$
$9 \times 2 =$	$3 + 4 =$	$9 \times 4 =$
$2 + 3 =$	$8 \times 7 =$	$8 - 2 =$
$16 - 8 =$	$3 \times 3 =$	$9 \times 3 =$
$7 + 4 =$	$5 + 9 =$	$13 - 5 =$
$4 + 2 =$	$9 + 3 =$	$7 \times 8 =$
$9 \times 8 =$	$12 - 6 =$	$6 + 4 =$
$11 - 5 =$	$9 \times 7 =$	$10 - 2 =$
$7 \times 1 =$	$10 - 8 =$	$7 + 3 =$
$8 + 8 =$	$5 \times 4 =$	$15 - 6 =$
$14 - 7 =$	$9 + 1 =$	$5 \times 9 =$

Tag 59

Benötigte Zeit ___ : ___

$6 - 3 =$ ☐	$2 \times 4 =$ ☐	$5 + 0 =$ ☐
$3 + 2 =$ ☐	$4 + 8 =$ ☐	$9 + 5 =$ ☐
$5 + 7 =$ ☐	$11 - 6 =$ ☐	$4 \times 9 =$ ☐
$1 + 8 =$ ☐	$7 - 2 =$ ☐	$9 - 2 =$ ☐
$4 \times 3 =$ ☐	$4 \times 5 =$ ☐	$6 + 8 =$ ☐
$13 - 7 =$ ☐	$5 - 4 =$ ☐	$2 + 6 =$ ☐
$8 + 3 =$ ☐	$2 + 7 =$ ☐	$7 \times 9 =$ ☐
$6 - 5 =$ ☐	$8 \times 4 =$ ☐	$11 - 3 =$ ☐
$6 + 2 =$ ☐	$15 - 7 =$ ☐	$4 + 7 =$ ☐
$3 \times 6 =$ ☐	$2 \times 8 =$ ☐	$14 - 8 =$ ☐
$13 - 4 =$ ☐	$8 + 5 =$ ☐	$5 \times 2 =$ ☐
$7 \times 3 =$ ☐	$4 - 2 =$ ☐	$7 + 8 =$ ☐
$2 + 9 =$ ☐	$5 \times 5 =$ ☐	$2 \times 9 =$ ☐
$6 \times 5 =$ ☐	$3 + 9 =$ ☐	$12 - 7 =$ ☐
$10 - 7 =$ ☐	$12 - 5 =$ ☐	$6 + 5 =$ ☐
$2 \times 8 =$ ☐	$5 \times 7 =$ ☐	$17 - 8 =$ ☐
$7 \times 7 =$ ☐	$16 - 9 =$ ☐	

Ende (Uhr) ___ : ___

Tag 60

Datum ___ T ___ M

Start (Uhr) ___ : ___

$8 - 5 =$

$1 + 6 =$

$3 + 7 =$

$9 - 1 =$

$3 \times 5 =$

$10 - 7 =$

$8 - 3 =$

$5 \times 7 =$

$3 + 4 =$

$8 + 2 =$

$5 + 6 =$

$11 - 6 =$

$6 \times 4 =$

$8 + 9 =$

$14 - 7 =$

$4 \times 5 =$

$5 \times 4 =$

$4 + 3 =$

$7 - 5 =$

$9 \times 6 =$

$8 - 6 =$

$12 - 3 =$

$4 + 4 =$

$8 - 2 =$

$2 \times 7 =$

$6 + 2 =$

$4 \times 9 =$

$3 + 8 =$

$10 - 9 =$

$2 \times 3 =$

$15 - 7 =$

$8 \times 9 =$

$9 + 1 =$

$3 \times 9 =$

$4 + 8 =$

$8 - 1 =$

$5 + 7 =$

$15 - 9 =$

$4 \times 4 =$

$9 + 3 =$

$8 \times 2 =$

$6 - 4 =$

$4 \times 8 =$

$13 - 5 =$

$8 + 4 =$

$6 \times 3 =$

$2 + 6 =$

$7 \times 7 =$

$6 + 4 =$

$11 - 2 =$

Benötigte Zeit [ ] : [ ]

13 − 7 =	4 − 2 =	6 + 6 =
8 + 6 =	9 + 0 =	3 × 4 =
8 × 3 =	13 − 7 =	12 − 8 =
2 + 1 =	9 × 2 =	5 × 5 =
4 × 7 =	9 − 4 =	3 + 9 =
3 − 3 =	11 − 9 =	10 − 6 =
6 + 3 =	7 × 3 =	5 + 1 =
9 − 6 =	1 + 9 =	9 − 8 =
11 − 5 =	12 − 7 =	2 × 9 =
2 × 8 =	9 × 3 =	9 + 5 =
7 + 6 =	5 + 4 =	3 − 1 =
5 × 6 =	9 + 9 =	5 × 2 =
4 + 9 =	10 − 4 =	3 + 6 =
10 − 1 =	8 × 8 =	12 − 4 =
8 + 8 =	14 − 9 =	7 + 5 =
7 × 1 =	3 × 2 =	8 × 7 =
17 − 8 =	9 + 7 =	

Ende (Uhr) [ ] : [ ]

Test des präfrontalen Cortex • • • • [ ] T [ ] M

I. Test: schnell zählen

Zählen Sie von 1 bis 120 – laut und so schnell Sie können. Notieren Sie die dafür benötigte Zeit.

[ ] Sekunden

II. Test: Wörter merken

Versuchen Sie sich in zwei Minuten möglichst viele der folgenden Begriffe zu merken.

Reis	**Ding**	**Cent**	**Band**	**Pfennig**	**Auge**
Liste	**Nation**	**Feld**	**Marke**	**Exempel**	**Luft**
Regal	**Gedicht**	**Tinte**	**Garten**	**Wind**	**Recht**
Wert	**Bad**	**Pol**	**Mund**	**Anzug**	**Viertel**
Arbeit	**Finger**	**Morgen**	**Seite**	**Tanz**	**Boot**

Schreiben Sie jetzt so viele Wörter in die Felder auf der nächsten Seite, wie Sie im Gedächtnis behalten haben. An wie viele konnten Sie sich erinnern?

Anzahl der gemerkten Begriffe [ ] Wörter

Test: Wörter merken – Antworten

III. Stroop-Test

Machen Sie den Stroop-Test für Woche 12 (siehe Seite 187).

Lösungen

Tag 1

	1 × 5 = 5	7 − 7 = 0
4 + 5 = 9	7 + 6 = 13	3 + 2 = 5
2 × 4 = 8	14 − 8 = 6	3 × 6 = 18
8 − 3 = 5	1 + 5 = 6	9 × 2 = 18
3 + 8 = 11	2 × 8 = 16	4 + 7 = 11
12 − 6 = 6	16 − 7 = 9	10 − 6 = 4
9 × 7 = 63	5 + 6 = 11	9 × 8 = 72
5 − 4 = 1	3 − 3 = 0	6 + 0 = 6
6 × 4 = 24	9 + 9 = 18	1 + 9 = 10
1 + 6 = 7	2 × 3 = 6	14 − 9 = 5
11 − 7 = 4	8 − 5 = 3	11 − 4 = 7
3 × 0 = 0	5 × 8 = 40	2 × 9 = 18
9 + 1 = 10	15 − 7 = 8	4 − 2 = 2
6 × 6 = 36	2 + 9 = 11	2 + 7 = 9
9 × 5 = 45	8 × 9 = 72	4 × 6 = 24
14 − 5 = 9	2 + 5 = 7	13 − 7 = 6
8 + 3 = 11	9 − 6 = 3	8 + 6 = 14

13

Tag 1

9 − 3 = 6	3 × 8 = 24	3 + 7 = 10
9 + 4 = 13	7 − 3 = 4	4 × 3 = 12
2 × 3 = 6	3 + 4 = 7	6 + 7 = 13
11 − 2 = 9	5 × 3 = 15	9 − 8 = 1
8 × 7 = 56	7 + 8 = 15	10 − 6 = 4
13 − 7 = 6	2 + 2 = 4	5 × 5 = 25
5 + 4 = 9	11 − 9 = 2	12 − 3 = 9
12 − 3 = 9	4 × 5 = 20	6 + 8 = 14
5 − 2 = 3	2 × 8 = 16	6 × 3 = 18
6 × 0 = 0	9 + 3 = 12	4 + 8 = 12
6 + 5 = 11	7 − 5 = 2	3 − 1 = 2
16 − 8 = 8	14 − 7 = 7	4 + 2 = 6
5 × 3 = 15	9 × 7 = 63	9 + 6 = 15
7 + 0 = 7	7 + 1 = 8	8 × 2 = 16
6 + 4 = 10	11 − 3 = 8	6 × 8 = 48
11 − 5 = 6	7 × 5 = 35	13 − 5 = 8
3 × 9 = 27	4 + 9 = 13	

14

Tag 2

	7 + 6 = 13	4 × 9 = 36
3 × 9 = 27	13 − 7 = 6	5 + 4 = 9
11 − 7 = 4	6 × 7 = 42	16 − 8 = 8
4 + 3 = 7	9 + 4 = 13	9 + 4 = 13
6 + 8 = 14	11 − 6 = 5	4 × 2 = 8
3 × 6 = 18	8 × 0 = 0	8 − 5 = 3
5 × 4 = 20	6 × 8 = 48	9 + 2 = 11
8 + 9 = 17	1 + 8 = 9	6 − 6 = 0
8 − 1 = 7	12 − 3 = 9	8 × 6 = 48
15 − 6 = 9	9 − 4 = 5	4 × 6 = 24
1 × 5 = 5	8 + 7 = 15	12 − 7 = 5
0 + 9 = 9	9 × 5 = 45	2 + 4 = 6
3 × 3 = 9	10 − 8 = 2	9 − 7 = 2
6 − 5 = 1	7 − 4 = 3	7 + 8 = 15
5 + 8 = 13	6 + 1 = 7	6 × 2 = 12
1 + 2 = 3	7 × 5 = 35	10 − 4 = 6
12 − 5 = 7	1 + 9 = 10	7 × 8 = 56

15

Tag 2

9 + 3 = 12	2 × 3 = 6	8 − 0 = 8
8 × 2 = 16	11 − 4 = 7	3 + 9 = 12
10 − 3 = 7	4 + 6 = 10	11 − 3 = 8
2 + 5 = 7	8 × 5 = 40	7 × 3 = 21
8 − 7 = 1	15 − 9 = 6	2 × 4 = 8
9 + 8 = 17	2 × 7 = 14	2 + 8 = 10
3 × 5 = 15	5 + 9 = 14	7 × 6 = 42
3 + 6 = 9	7 + 1 = 8	12 − 4 = 8
4 − 1 = 3	10 − 1 = 9	5 + 3 = 8
14 − 6 = 8	3 + 4 = 7	6 × 7 = 42
9 × 9 = 81	4 × 8 = 32	7 + 3 = 10
7 − 5 = 2	8 + 6 = 14	16 − 9 = 7
4 + 0 = 4	6 − 2 = 4	9 × 9 = 81
10 − 7 = 3	5 × 2 = 10	17 − 8 = 9
8 + 5 = 13	9 − 3 = 6	8 × 9 = 72
9 + 5 = 14	2 × 6 = 12	9 + 6 = 15
3 × 7 = 21	10 − 4 = 6	

16

Tag 3

	4 + 6 = 10	7 × 5 = 35
13 − 6 = 7	8 − 8 = 0	11 − 2 = 9
7 + 4 = 11	3 × 1 = 3	2 × 9 = 18
14 − 6 = 8	15 − 8 = 7	6 + 6 = 12
3 × 4 = 12	3 + 1 = 4	5 − 3 = 2
10 − 2 = 8	4 × 7 = 28	3 × 3 = 9
4 + 3 = 7	9 − 6 = 3	7 + 6 = 13
5 × 7 = 35	9 + 3 = 12	12 − 6 = 6
8 + 5 = 13	6 × 4 = 24	2 × 7 = 14
8 − 4 = 4	5 + 9 = 14	3 + 2 = 5
1 + 0 = 1	6 + 2 = 8	5 + 8 = 13
8 × 6 = 48	8 × 6 = 48	9 × 7 = 63
13 − 5 = 8	2 + 3 = 5	10 − 1 = 9
2 + 6 = 8	3 × 7 = 21	3 − 1 = 2
4 × 5 = 20	11 − 3 = 8	9 + 6 = 15
4 − 3 = 1	2 + 8 = 10	2 × 5 = 10
8 + 7 = 15	16 − 8 = 8	9 − 8 = 1

17

Tag 3

8 × 2 = 16	6 − 3 = 3	11 − 5 = 6
12 − 5 = 7	4 + 8 = 12	6 × 8 = 48
3 + 2 = 5	9 × 6 = 54	8 + 3 = 11
13 − 7 = 6	5 + 3 = 8	3 + 6 = 9
3 × 9 = 27	1 × 6 = 6	15 − 6 = 9
5 + 7 = 12	2 + 9 = 11	6 + 4 = 10
9 − 9 = 0	5 × 0 = 0	4 × 9 = 36
3 × 6 = 18	15 − 7 = 8	5 − 2 = 3
7 × 3 = 21	9 + 4 = 13	9 + 5 = 14
16 − 7 = 9	4 × 6 = 24	6 × 2 = 12
7 + 1 = 8	7 × 2 = 14	17 − 8 = 9
6 + 5 = 11	3 × 8 = 24	8 + 0 = 8
8 − 0 = 8	7 + 3 = 10	6 × 6 = 36
9 + 9 = 18	6 − 4 = 2	7 + 7 = 14
12 − 7 = 5	2 × 3 = 6	11 − 8 = 3
8 × 4 = 32	14 − 8 = 6	7 × 8 = 56
8 − 7 = 1	4 + 4 = 8	

18

Tag 4

	8 × 9 = 72	7 + 5 = 12
9 + 5 = 14	11 − 6 = 5	2 + 7 = 9
10 − 5 = 5	2 + 4 = 6	8 × 4 = 32
3 × 6 = 18	7 − 6 = 1	13 − 5 = 8
4 + 9 = 13	9 × 4 = 36	3 + 7 = 10
5 × 4 = 20	14 − 6 = 8	9 − 8 = 1
9 − 6 = 3	4 + 6 = 10	9 × 2 = 18
0 + 8 = 8	5 − 1 = 4	14 − 7 = 7
2 × 2 = 4	4 + 8 = 12	8 + 1 = 9
12 − 5 = 7	7 × 4 = 28	12 − 4 = 8
8 + 6 = 14	12 − 9 = 3	5 × 5 = 25
7 × 7 = 49	2 × 5 = 10	3 + 4 = 7
3 × 1 = 3	8 − 6 = 2	9 − 4 = 5
1 + 5 = 6	8 + 8 = 16	15 − 7 = 8
7 − 4 = 3	4 × 2 = 8	6 × 8 = 48
8 + 9 = 17	10 − 4 = 6	3 × 7 = 21
2 × 7 = 14	4 + 5 = 9	8 + 5 = 13

19

Tag 4

6 − 2 = 4	7 + 4 = 11	11 − 5 = 6
4 × 6 = 24	2 × 8 = 16	7 × 8 = 56
7 + 3 = 10	12 − 6 = 6	4 − 2 = 2
9 × 3 = 27	1 + 8 = 9	7 + 6 = 13
15 − 8 = 7	10 − 6 = 4	9 × 5 = 45
4 + 4 = 8	5 + 6 = 11	10 − 8 = 2
3 × 1 = 3	9 × 6 = 54	2 × 6 = 12
9 + 4 = 13	7 − 3 = 4	3 + 8 = 11
14 − 5 = 9	8 + 4 = 12	16 − 9 = 7
4 × 4 = 16	5 × 2 = 10	9 − 8 = 1
11 − 3 = 8	8 − 1 = 7	5 × 6 = 30
0 + 6 = 6	4 × 7 = 28	8 + 0 = 8
9 + 9 = 18	2 + 5 = 7	9 + 7 = 16
5 × 1 = 5	15 − 6 = 9	7 × 6 = 42
7 × 9 = 63	2 + 8 = 10	6 + 3 = 9
14 − 7 = 7	3 × 6 = 18	13 − 6 = 7
5 + 9 = 14	8 − 5 = 3	

20

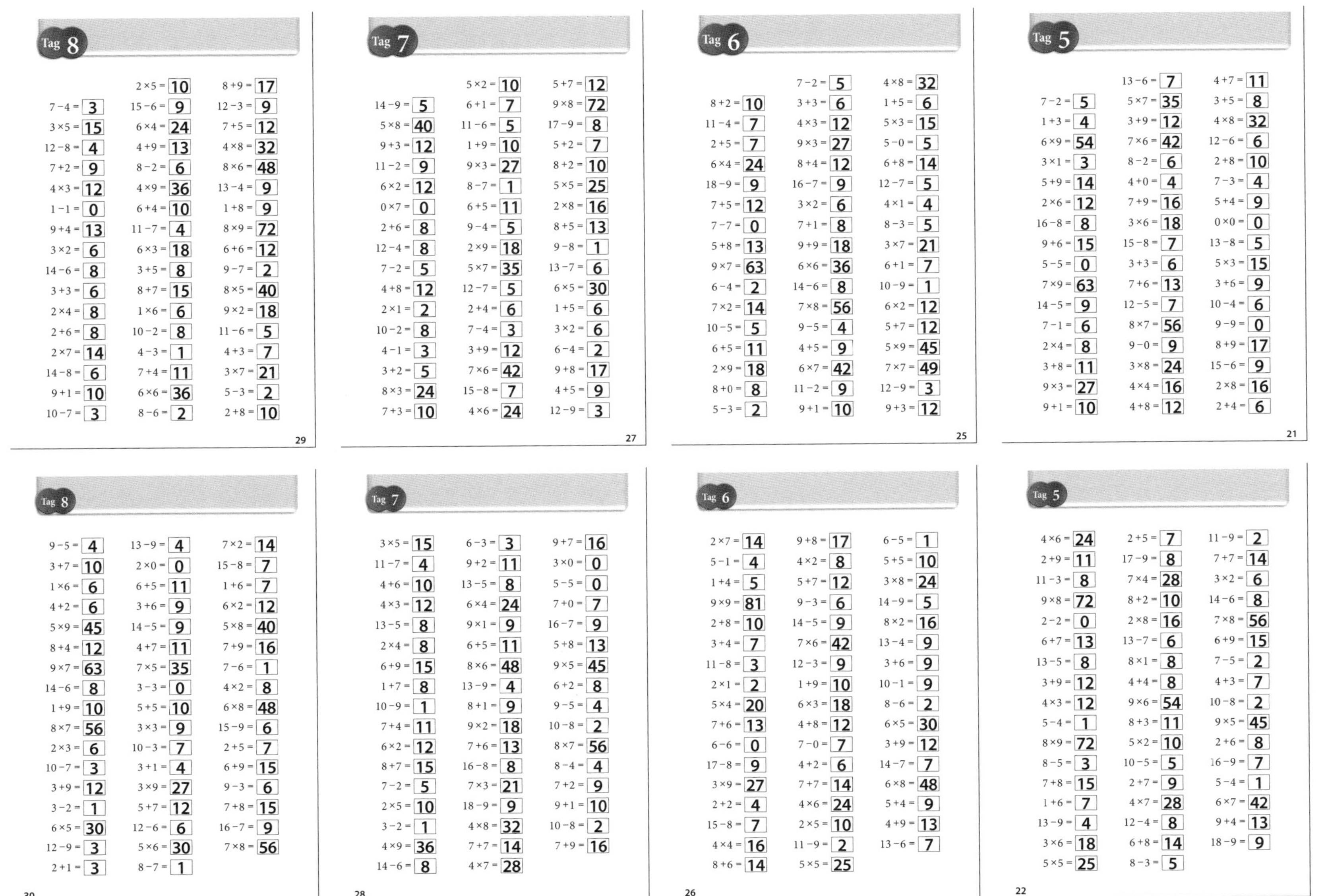

Tag 5

	13 − 6 = 7	4 + 7 = 11
7 − 2 = 5	5 × 7 = 35	3 + 5 = 8
1 + 3 = 4	3 + 9 = 12	4 × 8 = 32
6 × 9 = 54	7 × 6 = 42	12 − 6 = 6
3 × 1 = 3	8 − 2 = 6	2 + 8 = 10
5 + 9 = 14	4 + 0 = 4	7 − 3 = 4
2 × 6 = 12	7 + 9 = 16	5 + 4 = 9
16 − 8 = 8	3 × 6 = 18	0 × 0 = 0
9 + 6 = 15	15 − 8 = 7	13 − 8 = 5
5 − 5 = 0	3 + 3 = 6	5 × 3 = 15
7 × 9 = 63	7 + 6 = 13	3 + 6 = 9
14 − 5 = 9	12 − 5 = 7	10 − 4 = 6
7 − 1 = 6	8 × 7 = 56	9 − 9 = 0
2 × 4 = 8	9 − 0 = 9	8 + 9 = 17
3 + 8 = 11	3 × 8 = 24	15 − 6 = 9
9 × 3 = 27	4 × 4 = 16	2 × 8 = 16
9 + 1 = 10	4 + 8 = 12	2 + 4 = 6

21

Tag 5

4 × 6 = 24	2 + 5 = 7	11 − 9 = 2
2 + 9 = 11	17 − 9 = 8	7 + 7 = 14
11 − 3 = 8	7 × 4 = 28	3 × 2 = 6
9 × 8 = 72	8 + 2 = 10	14 − 6 = 8
2 − 2 = 0	2 × 8 = 16	7 × 8 = 56
6 + 7 = 13	13 − 7 = 6	6 + 9 = 15
13 − 5 = 8	8 × 1 = 8	7 − 5 = 2
3 + 9 = 12	4 + 4 = 8	4 + 3 = 7
4 × 3 = 12	9 × 6 = 54	10 − 8 = 2
5 − 4 = 1	8 + 3 = 11	9 × 5 = 45
8 × 9 = 72	5 × 2 = 10	2 + 6 = 8
8 − 5 = 3	10 − 5 = 5	16 − 9 = 7
7 + 8 = 15	2 + 7 = 9	5 − 4 = 1
1 + 6 = 7	4 × 7 = 28	6 × 7 = 42
13 − 9 = 4	12 − 4 = 8	9 + 4 = 13
3 × 6 = 18	6 + 8 = 14	18 − 9 = 9
5 × 5 = 25	8 − 3 = 5	

22

Tag 6

	7 − 2 = 5	4 × 8 = 32
8 + 2 = 10	3 + 3 = 6	1 + 5 = 6
11 − 4 = 7	4 × 3 = 12	5 × 3 = 15
2 + 5 = 7	9 × 3 = 27	5 − 0 = 5
6 × 4 = 24	8 + 4 = 12	6 + 8 = 14
18 − 9 = 9	16 − 7 = 9	12 − 7 = 5
7 + 5 = 12	3 × 2 = 6	4 × 1 = 4
7 − 7 = 0	7 + 1 = 8	8 − 3 = 5
5 + 8 = 13	9 + 9 = 18	3 × 7 = 21
9 × 7 = 63	6 × 6 = 36	6 + 1 = 7
6 − 4 = 2	14 − 6 = 8	10 − 9 = 1
7 × 2 = 14	7 × 8 = 56	6 × 2 = 12
10 − 5 = 5	9 − 5 = 4	5 + 7 = 12
6 + 5 = 11	4 + 5 = 9	5 × 9 = 45
2 × 9 = 18	6 × 7 = 42	7 × 7 = 49
8 + 0 = 8	11 − 2 = 9	12 − 9 = 3
5 − 3 = 2	9 + 1 = 10	9 + 3 = 12

25

Tag 6

2 × 7 = 14	9 + 8 = 17	6 − 5 = 1
5 − 1 = 4	4 × 2 = 8	5 + 5 = 10
1 + 4 = 5	5 + 7 = 12	3 × 8 = 24
9 × 9 = 81	9 − 3 = 6	14 − 9 = 5
2 + 8 = 10	14 − 5 = 9	8 × 2 = 16
3 + 4 = 7	7 × 6 = 42	13 − 4 = 9
11 − 8 = 3	12 − 3 = 9	3 + 6 = 9
2 × 1 = 2	1 + 9 = 10	10 − 1 = 9
5 × 4 = 20	6 × 3 = 18	8 − 6 = 2
7 + 6 = 13	4 + 8 = 12	6 × 5 = 30
6 − 6 = 0	7 − 0 = 7	3 + 9 = 12
17 − 8 = 9	4 + 2 = 6	14 − 7 = 7
3 × 9 = 27	7 + 7 = 14	6 × 8 = 48
2 + 2 = 4	4 × 6 = 24	5 + 4 = 9
15 − 8 = 7	2 × 5 = 10	4 + 9 = 13
4 × 4 = 16	11 − 9 = 2	13 − 6 = 7
8 + 6 = 14	5 × 5 = 25	

26

Tag 7

	5 × 2 = 10	5 + 7 = 12
14 − 9 = 5	6 + 1 = 7	9 × 8 = 72
5 × 8 = 40	11 − 6 = 5	17 − 9 = 8
9 + 3 = 12	1 + 9 = 10	5 + 2 = 7
11 − 2 = 9	9 × 3 = 27	8 + 2 = 10
6 × 2 = 12	8 − 7 = 1	5 × 5 = 25
0 × 7 = 0	6 + 5 = 11	2 × 8 = 16
2 + 6 = 8	9 − 4 = 5	8 + 5 = 13
12 − 4 = 8	2 × 9 = 18	9 − 8 = 1
7 − 2 = 5	5 × 7 = 35	13 − 7 = 6
4 + 8 = 12	12 − 7 = 5	6 × 5 = 30
2 × 1 = 2	2 + 4 = 6	1 + 5 = 6
10 − 2 = 8	7 − 4 = 3	3 × 2 = 6
4 − 1 = 3	3 + 9 = 12	6 − 4 = 2
3 + 2 = 5	7 × 6 = 42	9 + 8 = 17
8 × 3 = 24	15 − 8 = 7	4 + 5 = 9
7 + 3 = 10	4 × 6 = 24	12 − 9 = 3

27

Tag 7

3 × 5 = 15	6 − 3 = 3	9 + 7 = 16
11 − 7 = 4	9 + 2 = 11	3 × 0 = 0
4 + 6 = 10	13 − 5 = 8	5 − 5 = 0
4 × 3 = 12	6 × 4 = 24	7 + 0 = 7
13 − 5 = 8	9 × 1 = 9	16 − 7 = 9
2 × 4 = 8	6 + 5 = 11	5 + 8 = 13
6 + 9 = 15	8 × 6 = 48	9 × 5 = 45
1 + 7 = 8	13 − 9 = 4	6 + 2 = 8
10 − 9 = 1	8 + 1 = 9	9 − 5 = 4
7 + 4 = 11	9 × 2 = 18	10 − 8 = 2
6 × 2 = 12	7 + 6 = 13	8 × 7 = 56
8 + 7 = 15	16 − 8 = 8	8 − 4 = 4
7 − 2 = 5	7 × 3 = 21	7 + 2 = 9
2 × 5 = 10	18 − 9 = 9	9 + 1 = 10
3 − 2 = 1	4 × 8 = 32	10 − 8 = 2
4 × 9 = 36	7 + 7 = 14	7 + 9 = 16
14 − 6 = 8	4 × 7 = 28	

28

Tag 8

	2 × 5 = 10	8 + 9 = 17
7 − 4 = 3	15 − 6 = 9	12 − 3 = 9
3 × 5 = 15	6 × 4 = 24	7 + 5 = 12
12 − 8 = 4	4 + 9 = 13	4 × 8 = 32
7 + 2 = 9	8 − 2 = 6	8 × 6 = 48
4 × 3 = 12	4 × 9 = 36	13 − 4 = 9
1 − 1 = 0	6 + 4 = 10	1 + 8 = 9
9 + 4 = 13	11 − 7 = 4	8 × 9 = 72
3 × 2 = 6	6 × 3 = 18	6 + 6 = 12
14 − 6 = 8	3 + 5 = 8	9 − 7 = 2
3 + 3 = 6	8 + 7 = 15	8 × 5 = 40
2 × 4 = 8	1 × 6 = 6	9 × 2 = 18
2 + 6 = 8	10 − 2 = 8	11 − 6 = 5
2 × 7 = 14	4 − 3 = 1	4 + 3 = 7
14 − 8 = 6	7 + 4 = 11	3 × 7 = 21
9 + 1 = 10	6 × 6 = 36	5 − 3 = 2
10 − 7 = 3	8 − 6 = 2	2 + 8 = 10

29

Tag 8

9 − 5 = 4	13 − 9 = 4	7 × 2 = 14
3 + 7 = 10	2 × 0 = 0	15 − 8 = 7
1 × 6 = 6	6 + 5 = 11	1 + 6 = 7
4 + 2 = 6	3 + 6 = 9	6 × 2 = 12
5 × 9 = 45	14 − 5 = 9	5 × 8 = 40
8 + 4 = 12	4 + 7 = 11	7 + 9 = 16
9 × 7 = 63	7 × 5 = 35	7 − 6 = 1
14 − 6 = 8	3 − 3 = 0	4 × 2 = 8
1 + 9 = 10	5 + 5 = 10	6 × 8 = 48
8 × 7 = 56	3 × 3 = 9	15 − 9 = 6
2 × 3 = 6	10 − 3 = 7	2 + 5 = 7
10 − 7 = 3	3 + 1 = 4	6 + 9 = 15
3 + 9 = 12	3 × 9 = 27	9 − 3 = 6
3 − 2 = 1	5 + 7 = 12	7 + 8 = 15
6 × 5 = 30	12 − 6 = 6	16 − 7 = 9
12 − 9 = 3	5 × 6 = 30	7 × 8 = 56
2 + 1 = 3	8 − 7 = 1	

30

Tag 9

	8 + 7 = 15	5 × 3 = 15
10 − 2 = 8	5 + 0 = 5	2 + 8 = 10
9 + 6 = 15	9 × 4 = 36	11 − 3 = 8
4 − 1 = 3	12 − 9 = 3	4 × 2 = 8
5 × 6 = 30	4 + 7 = 11	1 + 9 = 10
12 − 3 = 9	9 − 0 = 9	9 × 3 = 27
1 + 8 = 9	4 × 7 = 28	5 − 4 = 1
7 − 2 = 5	15 − 9 = 6	5 + 2 = 7
6 + 9 = 15	6 + 3 = 9	8 × 2 = 16
8 × 3 = 24	12 − 5 = 7	10 − 8 = 2
11 − 4 = 7	1 × 8 = 8	8 + 5 = 13
4 × 5 = 20	1 + 2 = 3	4 × 6 = 24
6 − 5 = 1	9 − 5 = 4	5 × 9 = 45
6 + 6 = 12	15 − 7 = 8	1 + 5 = 6
4 × 8 = 32	7 × 4 = 28	8 − 3 = 5
13 − 8 = 5	4 × 0 = 0	9 + 8 = 17
7 + 2 = 9	9 + 7 = 16	3 × 7 = 21

31

Tag 9

2 + 9 = 11	16 − 7 = 9	7 − 3 = 4
5 × 1 = 5	8 × 6 = 48	2 × 9 = 18
18 − 9 = 9	8 − 8 = 0	7 + 6 = 13
6 + 0 = 6	5 + 6 = 11	3 × 2 = 6
10 − 9 = 1	8 × 4 = 32	16 − 8 = 8
7 + 6 = 13	12 − 7 = 5	3 + 5 = 8
7 × 3 = 21	7 × 7 = 49	7 × 9 = 63
7 − 4 = 3	9 + 9 = 18	8 + 4 = 12
3 + 7 = 10	15 − 8 = 7	17 − 9 = 8
5 × 5 = 25	3 − 1 = 2	8 × 7 = 56
9 − 3 = 6	2 × 2 = 4	13 − 5 = 8
3 × 8 = 24	4 + 3 = 7	8 + 1 = 9
5 + 4 = 9	9 + 2 = 11	7 + 9 = 16
10 − 3 = 7	4 × 9 = 36	9 × 6 = 54
9 + 5 = 14	9 + 0 = 9	5 × 7 = 35
6 × 4 = 24	11 − 8 = 3	14 − 9 = 5
3 − 3 = 0	7 + 7 = 14	

32

Tag 10

	8 + 5 = 13	13 − 8 = 5
9 × 2 = 18	2 + 6 = 8	3 + 4 = 7
2 + 8 = 10	9 × 5 = 45	3 × 9 = 27
5 × 7 = 35	10 − 9 = 1	7 × 0 = 0
9 − 2 = 7	9 + 3 = 12	8 × 6 = 48
3 + 0 = 3	7 − 2 = 5	1 + 9 = 10
5 + 7 = 12	7 + 1 = 8	5 × 9 = 45
4 × 1 = 4	2 × 6 = 12	10 − 3 = 7
12 − 6 = 6	16 − 9 = 7	7 + 8 = 15
8 + 1 = 9	4 × 8 = 32	7 − 3 = 4
9 + 4 = 13	8 + 7 = 15	6 × 3 = 18
13 − 6 = 7	5 × 4 = 20	17 − 9 = 8
3 × 7 = 21	9 − 8 = 1	3 − 1 = 2
7 − 1 = 6	7 + 3 = 10	7 × 6 = 42
5 × 6 = 30	10 − 5 = 5	9 + 2 = 11
2 × 6 = 12	6 × 9 = 54	8 × 4 = 32
9 + 6 = 15	4 + 4 = 8	11 − 8 = 3

33

Tag 10

8 + 1 = 9	11 − 2 = 9	3 × 5 = 15
13 − 7 = 6	3 + 8 = 11	7 + 5 = 12
5 × 2 = 10	6 × 9 = 54	10 − 2 = 8
2 + 9 = 11	12 − 5 = 7	9 × 8 = 72
8 × 5 = 40	2 × 4 = 8	8 − 8 = 0
12 − 7 = 5	8 + 9 = 17	3 + 9 = 12
4 × 6 = 24	9 − 1 = 8	13 − 4 = 9
1 + 2 = 3	2 + 4 = 6	5 + 5 = 10
8 × 0 = 0	14 − 8 = 6	4 × 2 = 8
6 + 7 = 13	1 × 9 = 9	9 − 6 = 3
7 × 2 = 14	6 + 3 = 9	7 × 8 = 56
16 − 8 = 8	7 + 9 = 16	7 − 7 = 0
3 + 2 = 5	6 − 2 = 4	6 + 6 = 12
6 × 7 = 42	9 × 4 = 36	4 + 3 = 7
18 − 9 = 9	5 + 8 = 13	11 − 5 = 6
9 + 2 = 11	11 − 4 = 7	9 × 3 = 27
6 − 5 = 1	5 × 5 = 25	

34

Tag 11

	8 − 8 = 0	3 × 1 = 3
3 + 2 = 5	5 + 2 = 7	4 + 7 = 11
4 × 9 = 36	9 × 0 = 0	18 − 9 = 9
3 × 6 = 18	6 − 3 = 3	3 + 4 = 7
7 + 3 = 10	7 + 4 = 11	6 × 6 = 36
10 − 2 = 8	11 − 9 = 2	15 − 7 = 8
2 × 9 = 18	5 × 2 = 10	5 + 7 = 12
5 + 3 = 8	4 − 2 = 2	8 − 7 = 1
2 + 8 = 10	3 × 2 = 6	2 × 3 = 6
13 − 8 = 5	6 + 3 = 9	9 × 5 = 45
12 − 9 = 3	14 − 7 = 7	9 − 4 = 5
6 × 9 = 54	5 × 6 = 30	3 × 9 = 27
7 − 2 = 5	8 + 5 = 13	15 − 8 = 7
4 + 1 = 5	4 × 9 = 36	6 + 6 = 12
4 × 4 = 16	8 × 9 = 72	7 × 9 = 63
11 − 6 = 5	14 − 5 = 9	7 + 0 = 7
8 + 7 = 15	9 + 7 = 16	6 − 1 = 5

37

Tag 11

7 + 6 = 13	9 − 7 = 2	6 × 2 = 12
8 × 5 = 40	8 + 6 = 14	7 − 6 = 1
4 + 6 = 10	5 × 5 = 25	3 + 6 = 9
7 − 1 = 6	14 − 6 = 8	5 × 3 = 15
13 − 7 = 6	1 × 1 = 1	4 + 8 = 12
6 × 8 = 48	10 − 1 = 9	2 + 1 = 3
12 − 7 = 5	3 + 0 = 3	11 − 7 = 4
5 + 9 = 14	5 × 1 = 5	9 × 1 = 9
3 × 4 = 12	8 − 7 = 1	5 × 4 = 20
15 − 9 = 6	4 × 6 = 24	9 + 6 = 15
5 − 0 = 5	7 + 5 = 12	6 − 5 = 1
2 + 7 = 9	12 − 3 = 9	14 − 8 = 6
8 + 9 = 17	8 × 6 = 48	3 × 8 = 24
9 × 4 = 36	1 + 5 = 6	3 + 5 = 8
9 × 8 = 72	9 + 4 = 13	13 − 4 = 9
10 − 3 = 7	16 − 9 = 7	3 × 6 = 18
9 + 2 = 11	7 × 2 = 14	

38

Tag 12

	5 × 8 = 40	8 + 6 = 14
7 + 2 = 9	7 × 8 = 56	11 − 9 = 2
11 − 5 = 6	10 − 9 = 1	8 × 3 = 24
4 + 8 = 12	4 + 3 = 7	5 + 8 = 13
7 × 9 = 63	8 + 9 = 17	13 − 8 = 5
9 − 4 = 5	9 × 3 = 27	3 × 7 = 21
4 + 6 = 10	8 × 6 = 48	8 × 8 = 64
6 − 2 = 4	6 + 8 = 14	9 + 0 = 9
6 × 6 = 36	7 − 6 = 1	15 − 6 = 9
9 × 2 = 18	12 − 7 = 5	6 − 1 = 5
16 − 7 = 9	5 × 5 = 25	6 + 6 = 12
3 + 6 = 9	5 + 3 = 8	9 × 7 = 63
5 − 3 = 2	7 × 6 = 42	14 − 5 = 9
5 + 9 = 14	7 − 5 = 2	9 − 8 = 1
6 × 8 = 48	3 + 9 = 12	3 + 4 = 7
15 − 9 = 6	1 + 7 = 8	1 × 6 = 6
3 × 3 = 9	10 − 1 = 9	4 + 7 = 11

39

Tag 12

7 − 3 = 4	9 + 2 = 11	3 × 9 = 27
8 + 4 = 12	6 × 5 = 30	16 − 9 = 7
11 − 4 = 7	8 − 2 = 6	1 + 9 = 10
4 × 2 = 8	1 + 4 = 5	1 × 2 = 2
5 × 7 = 35	12 − 5 = 7	11 − 7 = 4
9 + 5 = 14	4 + 9 = 13	9 × 8 = 72
8 × 7 = 56	4 × 6 = 24	7 + 8 = 15
12 − 3 = 9	5 + 1 = 6	5 + 4 = 9
8 + 0 = 8	7 − 1 = 6	13 − 7 = 6
4 × 7 = 28	17 − 8 = 9	3 + 1 = 4
6 + 7 = 13	8 × 5 = 40	9 × 9 = 81
13 − 4 = 9	9 − 2 = 7	8 + 4 = 12
2 × 9 = 18	1 + 6 = 7	9 − 7 = 2
11 − 8 = 3	14 − 6 = 8	7 × 5 = 35
3 × 6 = 18	4 + 8 = 12	4 − 4 = 0
7 + 6 = 13	7 + 9 = 16	7 × 4 = 28
15 − 7 = 8	0 × 7 = 0	

40

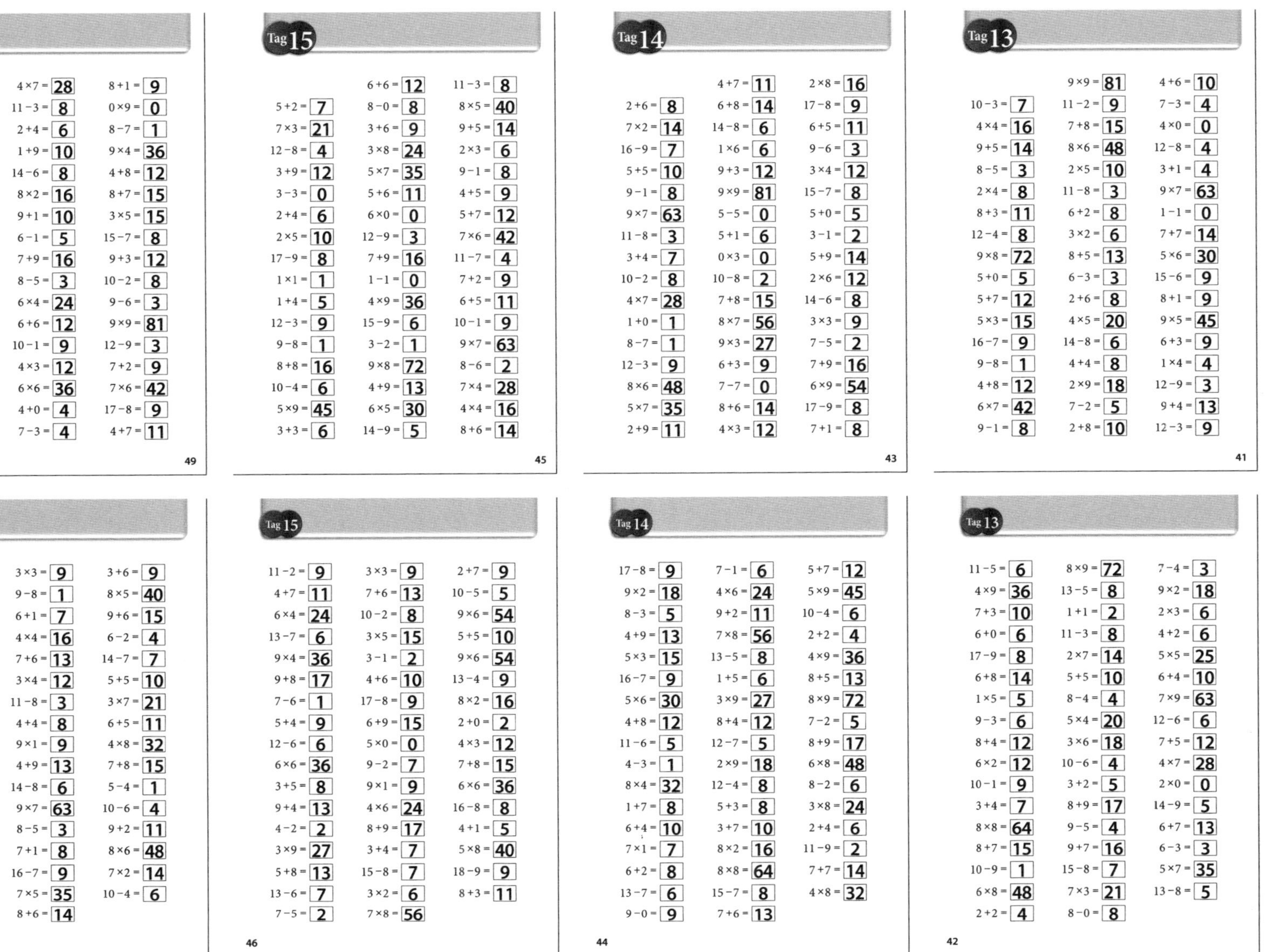

Tag 13

	9 × 9 = 81	4 + 6 = 10
10 − 3 = 7	11 − 2 = 9	7 − 3 = 4
4 × 4 = 16	7 + 8 = 15	4 × 0 = 0
9 + 5 = 14	8 × 6 = 48	12 − 8 = 4
8 − 5 = 3	2 × 5 = 10	3 + 1 = 4
2 × 4 = 8	11 − 8 = 3	9 × 7 = 63
8 + 3 = 11	6 + 2 = 8	1 − 1 = 0
12 − 4 = 8	3 × 2 = 6	7 + 7 = 14
9 × 8 = 72	8 + 5 = 13	5 × 6 = 30
5 + 0 = 5	6 − 3 = 3	15 − 6 = 9
5 + 7 = 12	2 + 6 = 8	8 + 1 = 9
5 × 3 = 15	4 × 5 = 20	9 × 5 = 45
16 − 7 = 9	14 − 8 = 6	6 + 3 = 9
9 − 8 = 1	4 + 4 = 8	1 × 4 = 4
4 + 8 = 12	2 × 9 = 18	12 − 9 = 3
6 × 7 = 42	7 − 2 = 5	9 + 4 = 13
9 − 1 = 8	2 + 8 = 10	12 − 3 = 9

41

Tag 13

11 − 5 = 6	8 × 9 = 72	7 − 4 = 3
4 × 9 = 36	13 − 5 = 8	9 × 2 = 18
7 + 3 = 10	1 + 1 = 2	2 × 3 = 6
6 + 0 = 6	11 − 3 = 8	4 + 2 = 6
17 − 9 = 8	2 × 7 = 14	5 × 5 = 25
6 + 8 = 14	5 + 5 = 10	6 + 4 = 10
1 × 5 = 5	8 − 4 = 4	7 × 9 = 63
9 − 3 = 6	5 × 4 = 20	12 − 6 = 6
8 + 4 = 12	3 × 6 = 18	7 + 5 = 12
6 × 2 = 12	10 − 6 = 4	4 × 7 = 28
10 − 1 = 9	3 + 2 = 5	2 × 0 = 0
3 + 4 = 7	8 + 9 = 17	14 − 9 = 5
8 × 8 = 64	9 − 5 = 4	6 + 7 = 13
8 + 7 = 15	9 + 7 = 16	6 − 3 = 3
10 − 9 = 1	15 − 8 = 7	5 × 7 = 35
6 × 8 = 48	7 × 3 = 21	13 − 8 = 5
2 + 2 = 4	8 − 0 = 8	

42

Tag 14

	4 + 7 = 11	2 × 8 = 16
2 + 6 = 8	6 + 8 = 14	17 − 8 = 9
7 × 2 = 14	14 − 8 = 6	6 + 5 = 11
16 − 9 = 7	1 × 6 = 6	9 − 6 = 3
5 + 5 = 10	9 + 3 = 12	3 × 4 = 12
9 − 1 = 8	9 × 9 = 81	15 − 7 = 8
9 × 7 = 63	5 − 5 = 0	5 + 0 = 5
11 − 8 = 3	5 + 1 = 6	3 − 1 = 2
3 + 4 = 7	0 × 3 = 0	5 + 9 = 14
10 − 2 = 8	10 − 8 = 2	2 × 6 = 12
4 × 7 = 28	7 + 8 = 15	14 − 6 = 8
1 + 0 = 1	8 × 7 = 56	3 × 3 = 9
8 − 7 = 1	9 × 3 = 27	7 − 5 = 2
12 − 3 = 9	6 + 3 = 9	7 + 9 = 16
8 × 6 = 48	7 − 7 = 0	6 × 9 = 54
5 × 7 = 35	8 + 6 = 14	17 − 9 = 8
2 + 9 = 11	4 × 3 = 12	7 + 1 = 8

43

Tag 14

17 − 8 = 9	7 − 1 = 6	5 + 7 = 12
9 × 2 = 18	4 × 6 = 24	5 × 9 = 45
8 − 3 = 5	9 + 2 = 11	10 − 4 = 6
4 + 9 = 13	7 × 8 = 56	2 + 2 = 4
5 × 3 = 15	13 − 5 = 8	4 × 9 = 36
16 − 7 = 9	1 + 5 = 6	8 + 5 = 13
5 × 6 = 30	3 × 9 = 27	8 × 9 = 72
4 + 8 = 12	8 + 4 = 12	7 − 2 = 5
11 − 6 = 5	12 − 7 = 5	8 + 9 = 17
4 − 3 = 1	2 × 9 = 18	6 × 8 = 48
8 × 4 = 32	12 − 4 = 8	8 − 2 = 6
1 + 7 = 8	5 + 3 = 8	3 × 8 = 24
6 + 4 = 10	3 + 7 = 10	2 + 4 = 6
7 × 1 = 7	8 × 2 = 16	11 − 9 = 2
6 + 2 = 8	8 × 8 = 64	7 + 7 = 14
13 − 7 = 6	15 − 7 = 8	4 × 8 = 32
9 − 0 = 9	7 + 6 = 13	

44

Tag 15

	6 + 6 = 12	11 − 3 = 8
5 + 2 = 7	8 − 0 = 8	8 × 5 = 40
7 × 3 = 21	3 + 6 = 9	9 + 5 = 14
12 − 8 = 4	3 × 8 = 24	2 × 3 = 6
3 + 9 = 12	5 × 7 = 35	9 − 1 = 8
3 − 3 = 0	5 + 6 = 11	4 + 5 = 9
2 + 4 = 6	6 × 0 = 0	5 + 7 = 12
2 × 5 = 10	12 − 9 = 3	7 × 6 = 42
17 − 9 = 8	7 + 9 = 16	11 − 7 = 4
1 × 1 = 1	1 − 1 = 0	7 + 2 = 9
1 + 4 = 5	4 × 9 = 36	6 + 5 = 11
12 − 3 = 9	15 − 9 = 6	10 − 1 = 9
9 − 8 = 1	3 − 2 = 1	9 × 7 = 63
8 + 8 = 16	9 × 8 = 72	8 − 6 = 2
10 − 4 = 6	4 + 9 = 13	7 × 4 = 28
5 × 9 = 45	6 × 5 = 30	4 × 4 = 16
3 + 3 = 6	14 − 9 = 5	8 + 6 = 14

45

Tag 15

11 − 2 = 9	3 × 3 = 9	2 + 7 = 9
4 + 7 = 11	7 + 6 = 13	10 − 5 = 5
6 × 4 = 24	10 − 2 = 8	9 × 6 = 54
13 − 7 = 6	3 × 5 = 15	5 + 5 = 10
9 × 4 = 36	3 − 1 = 2	9 × 6 = 54
9 + 8 = 17	4 + 6 = 10	13 − 4 = 9
7 − 6 = 1	17 − 8 = 9	8 × 2 = 16
5 + 4 = 9	6 + 9 = 15	2 + 0 = 2
12 − 6 = 6	5 × 0 = 0	4 × 3 = 12
6 × 6 = 36	9 − 2 = 7	7 + 8 = 15
3 + 5 = 8	9 × 1 = 9	6 × 6 = 36
9 + 4 = 13	4 × 6 = 24	16 − 8 = 8
4 − 2 = 2	8 + 9 = 17	4 + 1 = 5
3 × 9 = 27	3 + 4 = 7	5 × 8 = 40
5 + 8 = 13	15 − 8 = 7	18 − 9 = 9
13 − 6 = 7	3 × 2 = 6	8 + 3 = 11
7 − 5 = 2	7 × 8 = 56	

46

Tag 16

	4 × 7 = 28	8 + 1 = 9
3 + 2 = 5	11 − 3 = 8	0 × 9 = 0
7 − 7 = 0	2 + 4 = 6	8 − 7 = 1
3 × 8 = 24	1 + 9 = 10	9 × 4 = 36
15 − 8 = 7	14 − 6 = 8	4 + 8 = 12
4 × 9 = 36	8 × 2 = 16	8 + 7 = 15
3 + 9 = 12	9 + 1 = 10	3 × 5 = 15
8 − 4 = 4	6 − 1 = 5	15 − 7 = 8
1 × 5 = 5	7 + 9 = 16	9 + 3 = 12
2 × 6 = 12	8 − 5 = 3	10 − 2 = 8
12 − 5 = 7	6 × 4 = 24	9 − 6 = 3
7 × 9 = 63	6 + 6 = 12	9 × 9 = 81
2 + 8 = 10	10 − 1 = 9	12 − 9 = 3
8 × 4 = 32	4 × 3 = 12	7 + 2 = 9
5 + 0 = 5	6 × 6 = 36	7 × 6 = 42
11 − 6 = 5	4 + 0 = 4	17 − 8 = 9
5 + 8 = 13	7 − 3 = 4	4 + 7 = 11

49

Tag 16

7 − 4 = 3	3 × 3 = 9	3 + 6 = 9
5 × 9 = 45	9 − 8 = 1	8 × 5 = 40
8 + 5 = 13	6 + 1 = 7	9 + 6 = 15
15 − 9 = 6	4 × 4 = 16	6 − 2 = 4
1 × 7 = 7	7 + 6 = 13	14 − 7 = 7
11 − 5 = 6	3 × 4 = 12	5 + 5 = 10
8 + 0 = 8	11 − 8 = 3	3 × 7 = 21
14 − 5 = 9	4 + 4 = 8	6 + 5 = 11
4 − 4 = 0	9 × 1 = 9	4 × 8 = 32
5 × 2 = 10	4 + 9 = 13	7 + 8 = 15
5 + 5 = 10	14 − 8 = 6	5 − 4 = 1
12 − 7 = 5	9 × 7 = 63	10 − 6 = 4
6 × 3 = 18	8 − 5 = 3	9 + 2 = 11
4 + 3 = 7	7 + 1 = 8	8 × 6 = 48
13 − 7 = 6	16 − 7 = 9	7 × 2 = 14
4 + 5 = 9	7 × 5 = 35	10 − 4 = 6
6 × 9 = 54	8 + 6 = 14	

50

Tag 17

9×7 = 63
3+6 = 9
15−8 = 7
8+7 = 15
5×6 = 30
6×2 = 12
5+5 = 10
7−4 = 3
2×7 = 14
14−8 = 6
1+3 = 4
7×4 = 28
6+5 = 11
11−9 = 2
6+3 = 9
7×7 = 49

11−4 = 7
9+7 = 16
8×6 = 48
4+7 = 11
13−5 = 8
2×8 = 16
3+5 = 8
4×6 = 24
7+8 = 15
8−6 = 2
12−4 = 8
9×8 = 72
10−5 = 5
6−3 = 3
5+1 = 6
9×3 = 27
2+9 = 11

7×2 = 14
4+4 = 8
13−6 = 7
1+9 = 10
0×6 = 0
8−7 = 1
8+3 = 11
3−3 = 0
3×5 = 15
9×1 = 9
5+3 = 8
12−8 = 4
6+9 = 15
5×5 = 25
9−6 = 3
14−6 = 8
3×6 = 18

51

Tag 17

4+7 = 11
6×9 = 54
3+4 = 7
9−3 = 6
3−0 = 3
9+4 = 13
3×9 = 27
5−2 = 3
4+5 = 9
5×4 = 20
16−8 = 8
9−7 = 2
1+2 = 3
12−9 = 3
5+7 = 12
4×5 = 20
8+9 = 17

1×2 = 2
14−5 = 9
7+3 = 10
5×7 = 35
9×4 = 36
10−3 = 7
3+8 = 11
11−5 = 6
8+1 = 9
7×5 = 35
7×6 = 42
8+6 = 14
6−2 = 4
2+2 = 4
8×5 = 40
10−5 = 5
3×8 = 24

12−4 = 8
8+4 = 12
6−3 = 3
5×3 = 15
3−1 = 2
9+9 = 18
8×3 = 24
11−3 = 8
6+2 = 8
12−8 = 4
6×7 = 42
7+6 = 13
8×4 = 32
13−4 = 9
9×2 = 18
4+6 = 10

52

Tag 18

14−7 = 7
7+7 = 14
6×4 = 24
9×7 = 63
2+6 = 8
14−9 = 5
5×3 = 15
8−3 = 5
8+1 = 9
4+9 = 13
7×2 = 14
12−5 = 7
1+0 = 1
4−4 = 0
3×6 = 18
9+3 = 12

4×7 = 28
7+4 = 11
5−1 = 4
16−8 = 8
3+6 = 9
3×3 = 9
4+8 = 12
7−0 = 7
9×6 = 54
11−2 = 9
6×5 = 30
7+5 = 12
2×7 = 14
6+3 = 9
10−1 = 9
5+2 = 7
14−6 = 8

16−7 = 9
7−3 = 4
2×2 = 4
9+6 = 15
9−4 = 5
7×4 = 28
15−6 = 9
6+7 = 13
9×5 = 45
3+5 = 8
8+6 = 14
9×1 = 9
17−8 = 9
8×4 = 32
3+7 = 10
5−4 = 1
8×2 = 16

53

Tag 18

8×9 = 72
11−5 = 6
8−6 = 2
1+9 = 10
7×8 = 56
2+5 = 7
9−8 = 1
8×1 = 8
15−7 = 8
8×6 = 48
8+3 = 11
7−2 = 5
6+0 = 6
9+5 = 14
10−3 = 7
6×6 = 36
16−9 = 7

3+2 = 5
6+5 = 11
6×3 = 18
9−9 = 0
8+8 = 16
1×3 = 3
4+7 = 11
13−9 = 4
2+7 = 9
8×7 = 56
2×6 = 12
14−8 = 6
9+4 = 13
5+1 = 6
7×7 = 49
13−4 = 9
5−3 = 2

11−4 = 7
2×5 = 10
5+6 = 11
7+1 = 8
7×9 = 63
7+8 = 15
10−8 = 2
9−7 = 2
4+6 = 10
3×8 = 24
17−9 = 8
6×5 = 30
9×9 = 81
5+9 = 14
10−6 = 4
4×8 = 32

54

Tag 19

3+8 = 11
7+0 = 7
1×6 = 6
6+4 = 10
9×8 = 72
5−5 = 0
16−8 = 8
3×6 = 18
13−9 = 4
5+6 = 11
4×6 = 24
4×3 = 12
1+5 = 6
8×2 = 16
6+6 = 12
5−3 = 2

3×9 = 27
10−1 = 9
9+8 = 17
6−6 = 0
2×3 = 6
14−5 = 9
5+3 = 8
8+5 = 13
6−3 = 3
9×3 = 27
16−9 = 7
1×7 = 7
9+9 = 18
8−2 = 6
2+4 = 6
12−5 = 7
6×6 = 36

9+2 = 11
9×2 = 18
3+4 = 7
12−6 = 6
5+9 = 14
7×5 = 35
3−2 = 1
13−5 = 8
8+1 = 9
13−8 = 5
7×9 = 63
9×4 = 36
9−7 = 2
11−4 = 7
8×5 = 40
3+2 = 5
7+9 = 16

55

Tag 19

2−1 = 1
9+0 = 9
9×5 = 45
10−6 = 4
3×2 = 6
7+2 = 9
2×1 = 2
4+9 = 13
14−6 = 8
3×3 = 9
3+5 = 8
4+6 = 10
15−7 = 8
6×5 = 30
12−8 = 4
4×9 = 36
3+9 = 12

5×5 = 25
9+1 = 10
18−9 = 9
8×3 = 24
17−8 = 9
8+5 = 13
4+2 = 6
8−3 = 5
5×9 = 45
2+9 = 11
7−3 = 4
6×8 = 48
3+1 = 4
10−3 = 7
8+9 = 17
6−4 = 2
4×7 = 28

14−9 = 5
6×4 = 24
8+2 = 10
5−2 = 3
5×8 = 40
11−8 = 3
9−5 = 4
5+8 = 13
2×5 = 10
12−9 = 3
7×6 = 42
5+4 = 9
7+5 = 12
2×7 = 14
10−5 = 5
4+8 = 12

56

Tag 20

4−1 = 3
6+2 = 8
5+5 = 10
3×8 = 24
9−5 = 4
4×0 = 0
11−6 = 5
8+7 = 15
2×5 = 10
4×3 = 12
18−9 = 9
5−3 = 2
9×4 = 36
3+9 = 12
12−8 = 4
9×7 = 63

13−5 = 8
7×3 = 21
4+8 = 12
5×3 = 15
1×8 = 8
6+9 = 15
5−2 = 3
6×9 = 54
10−6 = 4
8+1 = 9
4+7 = 11
16−9 = 7
9×3 = 27
6−0 = 6
2×4 = 8
2×7 = 14
2+1 = 3

8+6 = 14
5+4 = 9
9×5 = 45
13−6 = 7
3+7 = 10
8−7 = 1
6×3 = 18
2+7 = 9
10−9 = 1
4×8 = 32
11−4 = 7
7+9 = 16
6−5 = 1
8+8 = 16
4+3 = 7
6×5 = 30
15−8 = 7

57

Tag 20

2+9 = 11
13−9 = 4
4×6 = 24
5−3 = 2
8×4 = 32
9+6 = 15
12−9 = 3
5+7 = 12
3×4 = 12
6−2 = 4
2×9 = 18
8−5 = 3
4+6 = 10
3×2 = 6
8×9 = 72
3+5 = 8
17−8 = 9

4×3 = 12
5+1 = 6
18−9 = 9
6+5 = 11
6×8 = 48
3×7 = 21
1+2 = 3
14−7 = 7
9+5 = 14
2×6 = 12
7×4 = 28
12−6 = 6
2+4 = 6
8×6 = 48
14−9 = 5
9+7 = 16
9−5 = 4

10−8 = 2
5+6 = 11
7×9 = 63
12−5 = 7
4×2 = 8
6+7 = 13
8−8 = 0
1+6 = 7
10−2 = 8
9+0 = 9
11−5 = 6
9+8 = 17
9−3 = 6
4×7 = 28
8+2 = 10
6×7 = 42

58

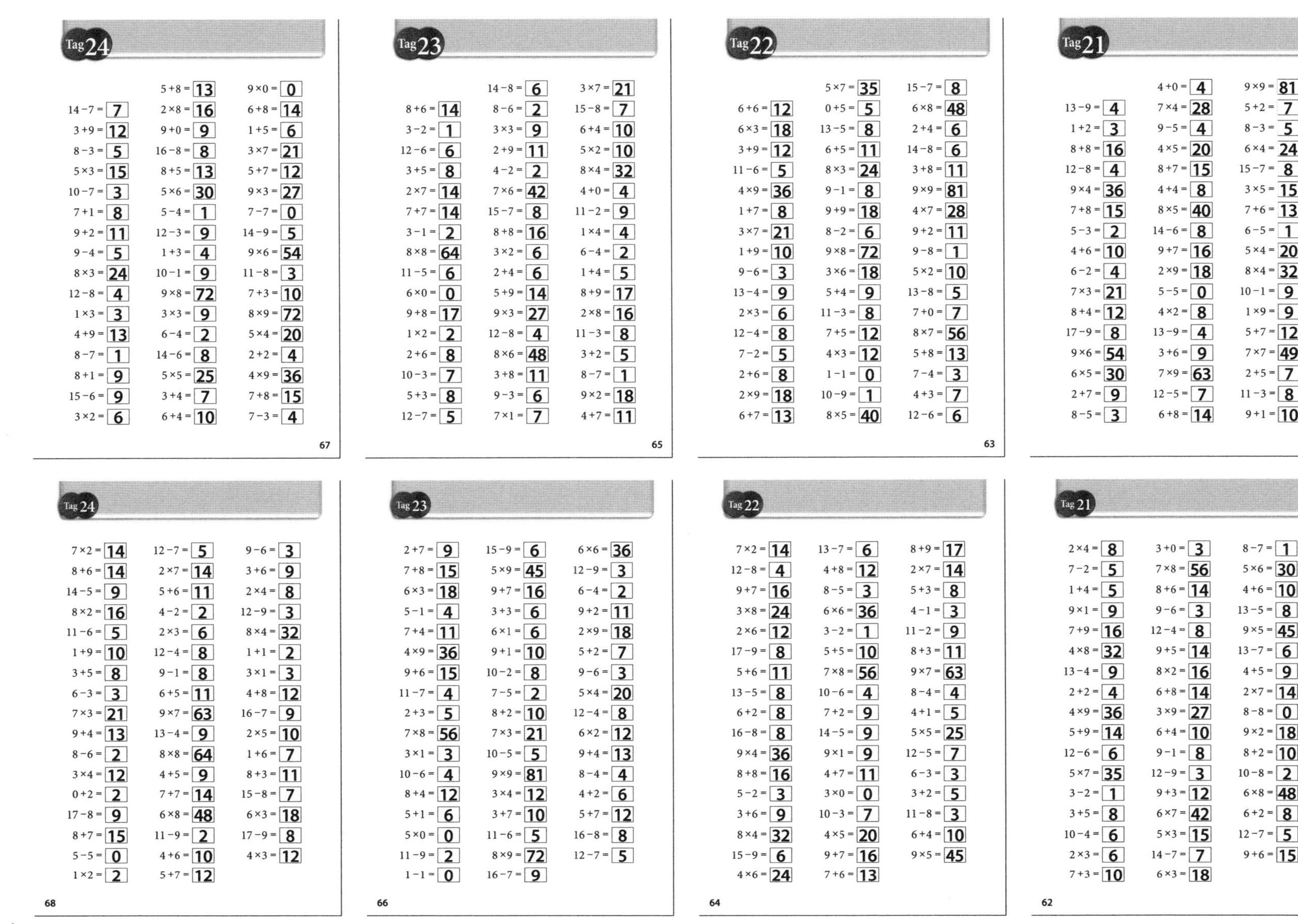

Tag 21

	4 + 0 = 4	9 × 9 = 81
13 − 9 = 4	7 × 4 = 28	5 + 2 = 7
1 + 2 = 3	9 − 5 = 4	8 − 3 = 5
8 + 8 = 16	4 × 5 = 20	6 × 4 = 24
12 − 8 = 4	8 + 7 = 15	15 − 7 = 8
9 × 4 = 36	4 + 4 = 8	3 × 5 = 15
7 + 8 = 15	8 × 5 = 40	7 + 6 = 13
5 − 3 = 2	14 − 6 = 8	6 − 5 = 1
4 + 6 = 10	9 + 7 = 16	5 × 4 = 20
6 − 2 = 4	2 × 9 = 18	8 × 4 = 32
7 × 3 = 21	5 − 5 = 0	10 − 1 = 9
8 + 4 = 12	4 × 2 = 8	1 × 9 = 9
17 − 9 = 8	13 − 9 = 4	5 + 7 = 12
9 × 6 = 54	3 + 6 = 9	7 × 7 = 49
6 × 5 = 30	7 × 9 = 63	2 + 5 = 7
2 + 7 = 9	12 − 5 = 7	11 − 3 = 8
8 − 5 = 3	6 + 8 = 14	9 + 1 = 10

61

Tag 21

2 × 4 = 8	3 + 0 = 3	8 − 7 = 1
7 − 2 = 5	7 × 8 = 56	5 × 6 = 30
1 + 4 = 5	8 + 6 = 14	4 + 6 = 10
9 × 1 = 9	9 − 6 = 3	13 − 5 = 8
7 + 9 = 16	12 − 4 = 8	9 × 5 = 45
4 × 8 = 32	9 + 5 = 14	13 − 7 = 6
13 − 4 = 9	8 × 2 = 16	4 + 5 = 9
2 + 2 = 4	6 + 8 = 14	2 × 7 = 14
4 × 9 = 36	3 × 9 = 27	8 − 8 = 0
5 + 9 = 14	6 + 4 = 10	9 × 2 = 18
12 − 6 = 6	9 − 1 = 8	8 + 2 = 10
5 × 7 = 35	12 − 9 = 3	10 − 8 = 2
3 − 2 = 1	9 + 3 = 12	6 × 8 = 48
3 + 5 = 8	6 × 7 = 42	6 + 2 = 8
10 − 4 = 6	5 × 3 = 15	12 − 7 = 5
2 × 3 = 6	14 − 7 = 7	9 + 6 = 15
7 + 3 = 10	6 × 3 = 18	

62

Tag 22

	5 × 7 = 35	15 − 7 = 8
6 + 6 = 12	0 + 5 = 5	6 × 8 = 48
6 × 3 = 18	13 − 5 = 8	2 + 4 = 6
3 + 9 = 12	6 + 5 = 11	14 − 8 = 6
11 − 6 = 5	8 × 3 = 24	3 + 8 = 11
4 × 9 = 36	9 − 1 = 8	9 × 9 = 81
1 + 7 = 8	9 + 9 = 18	4 × 7 = 28
3 × 7 = 21	8 − 2 = 6	9 + 2 = 11
1 + 9 = 10	9 × 8 = 72	9 − 8 = 1
9 − 6 = 3	3 × 6 = 18	5 × 2 = 10
13 − 4 = 9	5 + 4 = 9	13 − 8 = 5
2 × 3 = 6	11 − 3 = 8	7 + 0 = 7
12 − 4 = 8	7 + 5 = 12	8 × 7 = 56
7 − 2 = 5	4 × 3 = 12	5 + 8 = 13
2 + 6 = 8	1 − 1 = 0	7 − 4 = 3
2 × 9 = 18	10 − 9 = 1	4 + 3 = 7
6 + 7 = 13	8 × 5 = 40	12 − 6 = 6

63

Tag 22

7 × 2 = 14	13 − 7 = 6	8 + 9 = 17
12 − 8 = 4	4 + 8 = 12	2 × 7 = 14
9 + 7 = 16	8 − 5 = 3	5 + 3 = 8
3 × 8 = 24	6 × 6 = 36	4 − 1 = 3
2 × 6 = 12	3 − 2 = 1	11 − 2 = 9
17 − 9 = 8	5 + 5 = 10	8 + 3 = 11
5 + 6 = 11	7 × 8 = 56	9 × 7 = 63
13 − 5 = 8	10 − 6 = 4	8 − 4 = 4
6 + 2 = 8	7 + 2 = 9	4 + 1 = 5
16 − 8 = 8	14 − 5 = 9	5 × 5 = 25
9 × 4 = 36	9 × 1 = 9	12 − 5 = 7
8 + 8 = 16	4 + 7 = 11	6 − 3 = 3
5 − 2 = 3	3 × 0 = 0	3 + 2 = 5
3 + 6 = 9	10 − 3 = 7	11 − 8 = 3
8 × 4 = 32	4 × 5 = 20	6 + 4 = 10
15 − 9 = 6	9 + 7 = 16	9 × 5 = 45
4 × 6 = 24	7 + 6 = 13	

64

Tag 23

	14 − 8 = 6	3 × 7 = 21
8 + 6 = 14	8 − 6 = 2	15 − 8 = 7
3 − 2 = 1	3 × 3 = 9	6 + 4 = 10
12 − 6 = 6	2 + 9 = 11	5 × 2 = 10
3 + 5 = 8	4 − 2 = 2	8 × 4 = 32
2 × 7 = 14	7 × 6 = 42	4 + 0 = 4
7 + 7 = 14	15 − 7 = 8	11 − 2 = 9
3 − 1 = 2	8 + 8 = 16	1 × 4 = 4
8 × 8 = 64	3 × 2 = 6	6 − 4 = 2
11 − 5 = 6	2 + 4 = 6	1 + 4 = 5
6 × 0 = 0	5 + 9 = 14	8 + 9 = 17
9 + 8 = 17	9 × 3 = 27	2 × 8 = 16
1 × 2 = 2	12 − 8 = 4	11 − 3 = 8
2 + 6 = 8	8 × 6 = 48	3 + 2 = 5
10 − 3 = 7	3 + 8 = 11	8 − 7 = 1
5 + 3 = 8	9 − 3 = 6	9 × 2 = 18
12 − 7 = 5	7 × 1 = 7	4 + 7 = 11

65

Tag 23

2 + 7 = 9	15 − 9 = 6	6 × 6 = 36
7 + 8 = 15	5 × 9 = 45	12 − 9 = 3
6 × 3 = 18	9 + 7 = 16	6 − 4 = 2
5 − 1 = 4	3 + 3 = 6	9 + 2 = 11
7 + 4 = 11	6 × 1 = 6	2 × 9 = 18
4 × 9 = 36	9 + 1 = 10	5 + 2 = 7
9 + 6 = 15	10 − 2 = 8	9 − 6 = 3
11 − 7 = 4	7 − 5 = 2	5 × 4 = 20
2 + 3 = 5	8 + 2 = 10	12 − 4 = 8
7 × 8 = 56	7 × 3 = 21	6 × 2 = 12
3 × 1 = 3	10 − 5 = 5	9 + 4 = 13
10 − 6 = 4	9 × 9 = 81	8 − 4 = 4
8 + 4 = 12	3 × 4 = 12	4 + 2 = 6
5 + 1 = 6	3 + 7 = 10	5 + 7 = 12
5 × 0 = 0	11 − 6 = 5	16 − 8 = 8
11 − 9 = 2	8 × 9 = 72	12 − 7 = 5
1 − 1 = 0	16 − 7 = 9	

66

Tag 24

	5 + 8 = 13	9 × 0 = 0
14 − 7 = 7	2 × 8 = 16	6 + 8 = 14
3 + 9 = 12	9 + 0 = 9	1 + 5 = 6
8 − 3 = 5	16 − 8 = 8	3 × 7 = 21
5 × 3 = 15	8 + 5 = 13	5 + 7 = 12
10 − 7 = 3	5 × 6 = 30	9 × 3 = 27
7 + 1 = 8	5 − 4 = 1	7 − 7 = 0
9 + 2 = 11	12 − 3 = 9	14 − 9 = 5
9 − 4 = 5	1 + 3 = 4	9 × 6 = 54
8 × 3 = 24	10 − 1 = 9	11 − 8 = 3
12 − 8 = 4	9 × 8 = 72	7 + 3 = 10
1 × 3 = 3	3 × 3 = 9	8 × 9 = 72
4 + 9 = 13	6 − 4 = 2	5 × 4 = 20
8 − 7 = 1	14 − 6 = 8	2 + 2 = 4
8 + 1 = 9	5 × 5 = 25	4 × 9 = 36
15 − 6 = 9	3 + 4 = 7	7 + 8 = 15
3 × 2 = 6	6 + 4 = 10	7 − 3 = 4

67

Tag 24

7 × 2 = 14	12 − 7 = 5	9 − 6 = 3
8 + 6 = 14	2 × 7 = 14	3 + 6 = 9
14 − 5 = 9	5 + 6 = 11	2 × 4 = 8
8 × 2 = 16	4 − 2 = 2	12 − 9 = 3
11 − 6 = 5	2 × 3 = 6	8 × 4 = 32
1 + 9 = 10	12 − 4 = 8	1 + 1 = 2
3 + 5 = 8	9 − 1 = 8	3 × 1 = 3
6 − 3 = 3	6 + 5 = 11	4 + 8 = 12
7 × 3 = 21	9 × 7 = 63	16 − 7 = 9
9 + 4 = 13	13 − 4 = 9	2 × 5 = 10
8 − 6 = 2	8 × 8 = 64	1 + 6 = 7
3 × 4 = 12	4 + 5 = 9	8 + 3 = 11
0 + 2 = 2	7 + 7 = 14	15 − 8 = 7
17 − 8 = 9	6 × 8 = 48	6 × 3 = 18
8 + 7 = 15	11 − 9 = 2	17 − 9 = 8
5 − 5 = 0	4 + 6 = 10	4 × 3 = 12
1 × 2 = 2	5 + 7 = 12	

68

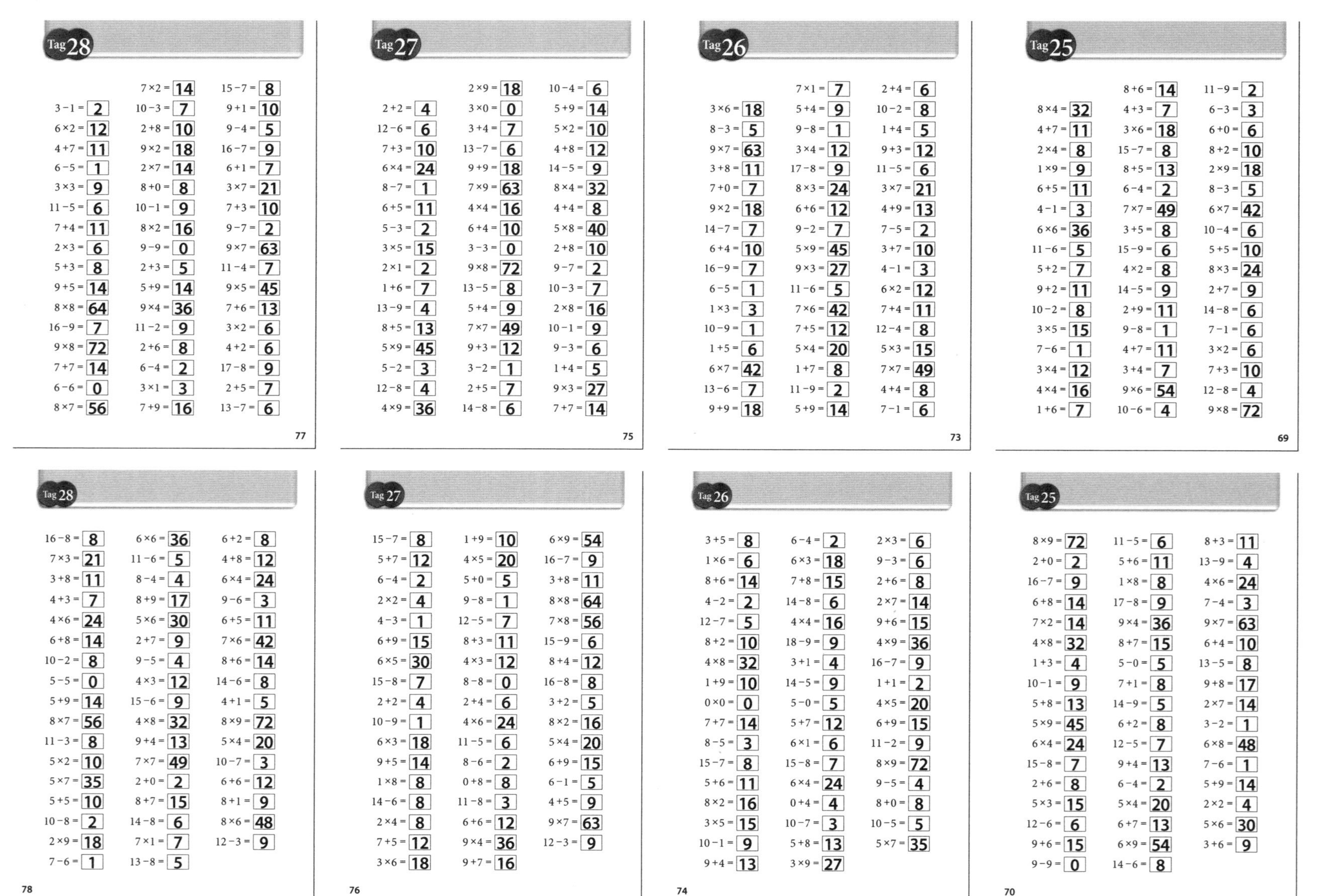

Tag 25

	8 + 6 = 14	11 − 9 = 2
8 × 4 = 32	4 + 3 = 7	6 − 3 = 3
4 + 7 = 11	3 × 6 = 18	6 + 0 = 6
2 × 4 = 8	15 − 7 = 8	8 + 2 = 10
1 × 9 = 9	8 + 5 = 13	2 × 9 = 18
6 + 5 = 11	6 − 4 = 2	8 − 3 = 5
4 − 1 = 3	7 × 7 = 49	6 × 7 = 42
6 × 6 = 36	3 + 5 = 8	10 − 4 = 6
11 − 6 = 5	15 − 9 = 6	5 + 5 = 10
5 + 2 = 7	4 × 2 = 8	8 × 3 = 24
9 + 2 = 11	14 − 5 = 9	2 + 7 = 9
10 − 2 = 8	2 + 9 = 11	14 − 8 = 6
3 × 5 = 15	9 − 8 = 1	7 − 1 = 6
7 − 6 = 1	4 + 7 = 11	3 × 2 = 6
3 × 4 = 12	3 + 4 = 7	7 + 3 = 10
4 × 4 = 16	9 × 6 = 54	12 − 8 = 4
1 + 6 = 7	10 − 6 = 4	9 × 8 = 72

69

Tag 25

8 × 9 = 72	11 − 5 = 6	8 + 3 = 11
2 + 0 = 2	5 + 6 = 11	13 − 9 = 4
16 − 7 = 9	1 × 8 = 8	4 × 6 = 24
6 + 8 = 14	17 − 8 = 9	7 − 4 = 3
7 × 2 = 14	9 × 4 = 36	9 × 7 = 63
4 × 8 = 32	8 + 7 = 15	6 + 4 = 10
1 + 3 = 4	5 − 0 = 5	13 − 5 = 8
10 − 1 = 9	7 + 1 = 8	9 + 8 = 17
5 + 8 = 13	14 − 9 = 5	2 × 7 = 14
5 × 9 = 45	6 + 2 = 8	3 − 2 = 1
6 × 4 = 24	12 − 5 = 7	6 × 8 = 48
15 − 8 = 7	9 + 4 = 13	7 − 6 = 1
2 + 6 = 8	6 − 4 = 2	5 + 9 = 14
5 × 3 = 15	5 × 4 = 20	2 × 2 = 4
12 − 6 = 6	6 + 7 = 13	5 × 6 = 30
9 + 6 = 15	6 × 9 = 54	3 + 6 = 9
9 − 9 = 0	14 − 6 = 8	

70

Tag 26

	7 × 1 = 7	2 + 4 = 6
3 × 6 = 18	5 + 4 = 9	10 − 2 = 8
8 − 3 = 5	9 − 8 = 1	1 + 4 = 5
9 × 7 = 63	3 × 4 = 12	9 + 3 = 12
3 + 8 = 11	17 − 8 = 9	11 − 5 = 6
7 + 0 = 7	8 × 3 = 24	3 × 7 = 21
9 × 2 = 18	6 + 6 = 12	4 + 9 = 13
14 − 7 = 7	9 − 2 = 7	7 − 5 = 2
6 + 4 = 10	5 × 9 = 45	3 + 7 = 10
16 − 9 = 7	9 × 3 = 27	4 − 1 = 3
6 − 5 = 1	11 − 6 = 5	6 × 2 = 12
1 × 3 = 3	7 × 6 = 42	7 + 4 = 11
10 − 9 = 1	7 + 5 = 12	12 − 4 = 8
1 + 5 = 6	5 × 4 = 20	5 × 3 = 15
6 × 7 = 42	1 + 7 = 8	7 × 7 = 49
13 − 6 = 7	11 − 9 = 2	4 + 4 = 8
9 + 9 = 18	5 + 9 = 14	7 − 1 = 6

73

Tag 26

3 + 5 = 8	6 − 4 = 2	2 × 3 = 6
1 × 6 = 6	6 × 3 = 18	9 − 3 = 6
8 + 6 = 14	7 + 8 = 15	2 + 6 = 8
4 − 2 = 2	14 − 8 = 6	2 × 7 = 14
12 − 7 = 5	4 × 4 = 16	9 + 6 = 15
8 + 2 = 10	18 − 9 = 9	4 × 9 = 36
4 × 8 = 32	3 + 1 = 4	16 − 7 = 9
1 + 9 = 10	14 − 5 = 9	1 + 1 = 2
0 × 0 = 0	5 − 0 = 5	4 × 5 = 20
7 + 7 = 14	5 + 7 = 12	6 + 9 = 15
8 − 5 = 3	6 × 1 = 6	11 − 2 = 9
15 − 7 = 8	15 − 8 = 7	8 × 9 = 72
5 + 6 = 11	6 × 4 = 24	9 − 5 = 4
8 × 2 = 16	0 + 4 = 4	8 + 0 = 8
3 × 5 = 15	10 − 7 = 3	10 − 5 = 5
10 − 1 = 9	5 + 8 = 13	5 × 7 = 35
9 + 4 = 13	3 × 9 = 27	

74

Tag 27

	2 × 9 = 18	10 − 4 = 6
2 + 2 = 4	3 × 0 = 0	5 + 9 = 14
12 − 6 = 6	3 + 4 = 7	5 × 2 = 10
7 + 3 = 10	13 − 7 = 6	4 + 8 = 12
6 × 4 = 24	9 + 9 = 18	14 − 5 = 9
8 − 7 = 1	7 × 9 = 63	8 × 4 = 32
6 + 5 = 11	4 × 4 = 16	4 + 4 = 8
5 − 3 = 2	6 + 4 = 10	5 × 8 = 40
3 × 5 = 15	3 − 3 = 0	2 + 8 = 10
2 × 1 = 2	9 × 8 = 72	9 − 7 = 2
1 + 6 = 7	13 − 5 = 8	10 − 3 = 7
13 − 9 = 4	5 + 4 = 9	2 × 8 = 16
8 + 5 = 13	7 × 7 = 49	10 − 1 = 9
5 × 9 = 45	9 + 3 = 12	9 − 3 = 6
5 − 2 = 3	3 − 2 = 1	1 + 4 = 5
12 − 8 = 4	2 + 5 = 7	9 × 3 = 27
4 × 9 = 36	14 − 8 = 6	7 + 7 = 14

75

Tag 27

15 − 7 = 8	1 + 9 = 10	6 × 9 = 54
5 + 7 = 12	4 × 5 = 20	16 − 7 = 9
6 − 4 = 2	5 + 0 = 5	3 + 8 = 11
2 × 2 = 4	9 − 8 = 1	8 × 8 = 64
4 − 3 = 1	12 − 5 = 7	7 × 8 = 56
6 + 9 = 15	8 + 3 = 11	15 − 9 = 6
6 × 5 = 30	4 × 3 = 12	8 + 4 = 12
15 − 8 = 7	8 − 8 = 0	16 − 8 = 8
2 + 2 = 4	2 + 4 = 6	3 + 2 = 5
10 − 9 = 1	4 × 6 = 24	8 × 2 = 16
6 × 3 = 18	11 − 5 = 6	5 × 4 = 20
9 + 5 = 14	8 − 6 = 2	6 + 9 = 15
1 × 8 = 8	0 + 8 = 8	6 − 1 = 5
14 − 6 = 8	11 − 8 = 3	4 + 5 = 9
2 × 4 = 8	6 + 6 = 12	9 × 7 = 63
7 + 5 = 12	9 × 4 = 36	12 − 3 = 9
3 × 6 = 18	9 + 7 = 16	

76

Tag 28

	7 × 2 = 14	15 − 7 = 8
3 − 1 = 2	10 − 3 = 7	9 + 1 = 10
6 × 2 = 12	2 + 8 = 10	9 − 4 = 5
4 + 7 = 11	9 × 2 = 18	16 − 7 = 9
6 − 5 = 1	2 × 7 = 14	6 + 1 = 7
3 × 3 = 9	8 + 0 = 8	3 × 7 = 21
11 − 5 = 6	10 − 1 = 9	7 + 3 = 10
7 + 4 = 11	8 × 2 = 16	9 − 7 = 2
2 × 3 = 6	9 − 9 = 0	9 × 7 = 63
5 + 3 = 8	2 + 3 = 5	11 − 4 = 7
9 + 5 = 14	5 + 9 = 14	9 × 5 = 45
8 × 8 = 64	9 × 4 = 36	7 + 6 = 13
16 − 9 = 7	11 − 2 = 9	3 × 2 = 6
9 × 8 = 72	2 + 6 = 8	4 + 2 = 6
7 + 7 = 14	6 − 4 = 2	17 − 8 = 9
6 − 6 = 0	3 × 1 = 3	2 + 5 = 7
8 × 7 = 56	7 + 9 = 16	13 − 7 = 6

77

Tag 28

16 − 8 = 8	6 × 6 = 36	6 + 2 = 8
7 × 3 = 21	11 − 6 = 5	4 + 8 = 12
3 + 8 = 11	8 − 4 = 4	6 × 4 = 24
4 + 3 = 7	8 + 9 = 17	9 − 6 = 3
4 × 6 = 24	5 × 6 = 30	6 + 5 = 11
6 + 8 = 14	2 + 7 = 9	7 × 6 = 42
10 − 2 = 8	9 − 5 = 4	8 + 6 = 14
5 − 5 = 0	4 × 3 = 12	14 − 6 = 8
5 + 9 = 14	15 − 6 = 9	4 + 1 = 5
8 × 7 = 56	4 × 8 = 32	8 × 9 = 72
11 − 3 = 8	9 + 4 = 13	5 × 4 = 20
5 × 2 = 10	7 × 7 = 49	10 − 7 = 3
5 × 7 = 35	2 + 0 = 2	6 + 6 = 12
5 + 5 = 10	8 + 7 = 15	8 + 1 = 9
10 − 8 = 2	14 − 8 = 6	8 × 6 = 48
2 × 9 = 18	7 × 1 = 7	12 − 3 = 9
7 − 6 = 1	13 − 8 = 5	

78

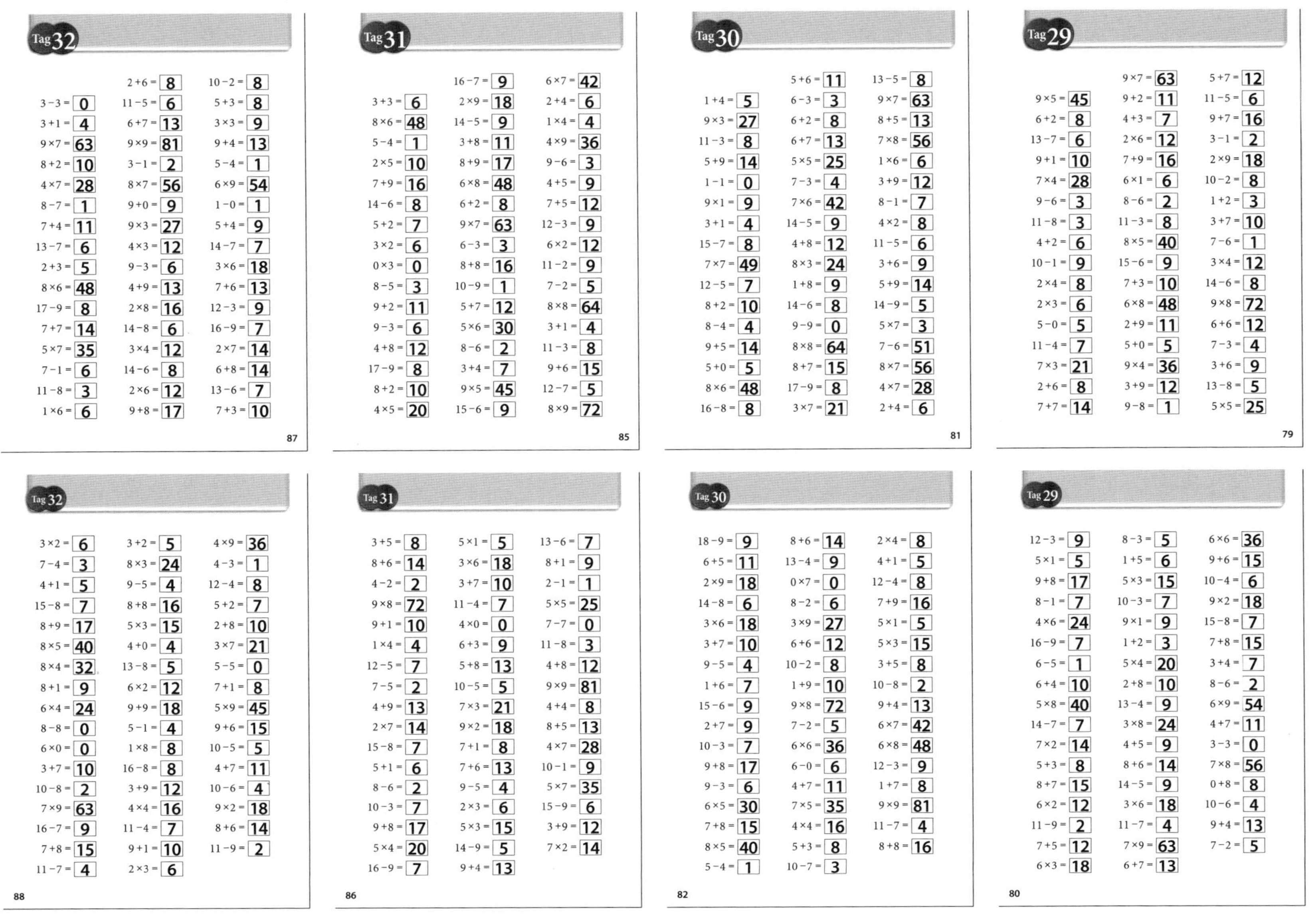

Tag 29

	9 × 7 = 63	5 + 7 = 12
9 × 5 = 45	9 + 2 = 11	11 − 5 = 6
6 + 2 = 8	4 + 3 = 7	9 + 7 = 16
13 − 7 = 6	2 × 6 = 12	3 − 1 = 2
9 + 1 = 10	7 + 9 = 16	2 × 9 = 18
7 × 4 = 28	6 × 1 = 6	10 − 2 = 8
9 − 6 = 3	8 − 6 = 2	1 + 2 = 3
11 − 8 = 3	11 − 3 = 8	3 + 7 = 10
4 + 2 = 6	8 × 5 = 40	7 − 6 = 1
10 − 1 = 9	15 − 6 = 9	3 × 4 = 12
2 × 4 = 8	7 + 3 = 10	14 − 6 = 8
2 × 3 = 6	6 × 8 = 48	9 × 8 = 72
5 − 0 = 5	2 + 9 = 11	6 + 6 = 12
11 − 4 = 7	5 + 0 = 5	7 − 3 = 4
7 × 3 = 21	9 × 4 = 36	3 + 6 = 9
2 + 6 = 8	3 + 9 = 12	13 − 8 = 5
7 + 7 = 14	9 − 8 = 1	5 × 5 = 25

79

Tag 29

12 − 3 = 9	8 − 3 = 5	6 × 6 = 36
5 × 1 = 5	1 + 5 = 6	9 + 6 = 15
9 + 8 = 17	5 × 3 = 15	10 − 4 = 6
8 − 1 = 7	10 − 3 = 7	9 × 2 = 18
4 × 6 = 24	9 × 1 = 9	15 − 8 = 7
16 − 9 = 7	1 + 2 = 3	7 + 8 = 15
6 − 5 = 1	5 × 4 = 20	3 + 4 = 7
6 + 4 = 10	2 + 8 = 10	8 − 6 = 2
5 × 8 = 40	13 − 4 = 9	6 × 9 = 54
14 − 7 = 7	3 × 8 = 24	4 + 7 = 11
7 × 2 = 14	4 + 5 = 9	3 − 3 = 0
5 + 3 = 8	8 + 6 = 14	7 × 8 = 56
8 + 7 = 15	14 − 5 = 9	0 + 8 = 8
6 × 2 = 12	3 × 6 = 18	10 − 6 = 4
11 − 9 = 2	11 − 7 = 4	9 + 4 = 13
7 + 5 = 12	7 × 9 = 63	7 − 2 = 5
6 × 3 = 18	6 + 7 = 13	

80

Tag 30

	5 + 6 = 11	13 − 5 = 8
1 + 4 = 5	6 − 3 = 3	9 × 7 = 63
9 × 3 = 27	6 + 2 = 8	8 + 5 = 13
11 − 3 = 8	6 + 7 = 13	7 × 8 = 56
5 + 9 = 14	5 × 5 = 25	1 × 6 = 6
1 − 1 = 0	7 − 3 = 4	3 + 9 = 12
9 × 1 = 9	7 × 6 = 42	8 − 1 = 7
3 + 1 = 4	14 − 5 = 9	4 × 2 = 8
15 − 7 = 8	4 + 8 = 12	11 − 5 = 6
7 × 7 = 49	8 × 3 = 24	3 + 6 = 9
12 − 5 = 7	1 + 8 = 9	5 + 9 = 14
8 + 2 = 10	14 − 6 = 8	14 − 9 = 5
8 − 4 = 4	9 − 9 = 0	5 × 7 = 3
9 + 5 = 14	8 × 8 = 64	7 − 6 = 51
5 + 0 = 5	8 + 7 = 15	8 × 7 = 56
8 × 6 = 48	17 − 9 = 8	4 × 7 = 28
16 − 8 = 8	3 × 7 = 21	2 + 4 = 6

81

Tag 30

18 − 9 = 9	8 + 6 = 14	2 × 4 = 8
6 + 5 = 11	13 − 4 = 9	4 + 1 = 5
2 × 9 = 18	0 × 7 = 0	12 − 4 = 8
14 − 8 = 6	8 − 2 = 6	7 + 9 = 16
3 × 6 = 18	3 × 9 = 27	5 × 1 = 5
3 + 7 = 10	6 + 6 = 12	5 × 3 = 15
9 − 5 = 4	10 − 2 = 8	3 + 5 = 8
1 + 6 = 7	1 + 9 = 10	10 − 8 = 2
15 − 6 = 9	9 × 8 = 72	9 + 4 = 13
2 + 7 = 9	7 − 2 = 5	6 × 7 = 42
10 − 3 = 7	6 × 6 = 36	6 × 8 = 48
9 + 8 = 17	6 − 0 = 6	12 − 3 = 9
9 − 3 = 6	4 + 7 = 11	1 + 7 = 8
6 × 5 = 30	7 × 5 = 35	9 × 9 = 81
7 + 8 = 15	4 × 4 = 16	11 − 7 = 4
8 × 5 = 40	5 + 3 = 8	8 + 8 = 16
5 − 4 = 1	10 − 7 = 3	

82

Tag 31

	16 − 7 = 9	6 × 7 = 42
3 + 3 = 6	2 × 9 = 18	2 + 4 = 6
8 × 6 = 48	14 − 5 = 9	1 × 4 = 4
5 − 4 = 1	3 + 8 = 11	4 × 9 = 36
2 × 5 = 10	8 + 9 = 17	9 − 6 = 3
7 + 9 = 16	6 × 8 = 48	4 + 5 = 9
14 − 6 = 8	6 + 2 = 8	7 + 5 = 12
5 + 2 = 7	9 × 7 = 63	12 − 3 = 9
3 × 2 = 6	6 − 3 = 3	6 × 2 = 12
0 × 3 = 0	8 + 8 = 16	11 − 2 = 9
8 − 5 = 3	10 − 9 = 1	7 − 2 = 5
9 + 2 = 11	5 + 7 = 12	8 × 8 = 64
9 − 3 = 6	5 × 6 = 30	3 + 1 = 4
4 + 8 = 12	8 − 6 = 2	11 − 3 = 8
17 − 9 = 8	3 + 4 = 7	9 + 6 = 15
8 + 2 = 10	9 × 5 = 45	12 − 7 = 5
4 × 5 = 20	15 − 6 = 9	8 × 9 = 72

85

Tag 31

3 + 5 = 8	5 × 1 = 5	13 − 6 = 7
8 + 6 = 14	3 × 6 = 18	8 + 1 = 9
4 − 2 = 2	3 + 7 = 10	2 − 1 = 1
9 × 8 = 72	11 − 4 = 7	5 × 5 = 25
9 + 1 = 10	4 × 0 = 0	7 − 7 = 0
1 × 4 = 4	6 + 3 = 9	11 − 8 = 3
12 − 5 = 7	5 + 8 = 13	4 + 8 = 12
7 − 5 = 2	10 − 5 = 5	9 × 9 = 81
4 + 9 = 13	7 × 3 = 21	4 + 4 = 8
2 × 7 = 14	9 × 2 = 18	8 + 5 = 13
15 − 8 = 7	7 + 1 = 8	4 × 7 = 28
5 + 1 = 6	7 + 6 = 13	10 − 1 = 9
8 − 6 = 2	9 − 5 = 4	5 × 7 = 35
10 − 3 = 7	2 × 3 = 6	15 − 9 = 6
9 + 8 = 17	5 × 3 = 15	3 + 9 = 12
5 × 4 = 20	14 − 9 = 5	7 × 2 = 14
16 − 9 = 7	9 + 4 = 13	

86

Tag 32

	2 + 6 = 8	10 − 2 = 8
3 − 3 = 0	11 − 5 = 6	5 + 3 = 8
3 + 1 = 4	6 + 7 = 13	3 × 3 = 9
9 × 7 = 63	9 × 9 = 81	9 + 4 = 13
8 + 2 = 10	3 − 1 = 2	5 − 4 = 1
4 × 7 = 28	8 × 7 = 56	6 × 9 = 54
8 − 7 = 1	9 + 0 = 9	1 − 0 = 1
7 + 4 = 11	9 × 3 = 27	5 + 4 = 9
13 − 7 = 6	4 × 3 = 12	14 − 7 = 7
2 + 3 = 5	9 − 3 = 6	3 × 6 = 18
8 × 6 = 48	4 + 9 = 13	7 + 6 = 13
17 − 9 = 8	2 × 8 = 16	12 − 3 = 9
7 + 7 = 14	14 − 8 = 6	16 − 9 = 7
5 × 7 = 35	3 × 4 = 12	2 × 7 = 14
7 − 1 = 6	14 − 6 = 8	6 + 8 = 14
11 − 8 = 3	2 × 6 = 12	13 − 6 = 7
1 × 6 = 6	9 + 8 = 17	7 + 3 = 10

87

Tag 32

3 × 2 = 6	3 + 2 = 5	4 × 9 = 36
7 − 4 = 3	8 × 3 = 24	4 − 3 = 1
4 + 1 = 5	9 − 5 = 4	12 − 4 = 8
15 − 8 = 7	8 + 8 = 16	5 + 2 = 7
8 + 9 = 17	5 × 3 = 15	2 + 8 = 10
8 × 5 = 40	4 + 0 = 4	3 × 7 = 21
8 × 4 = 32	13 − 8 = 5	5 − 5 = 0
8 + 1 = 9	6 × 2 = 12	7 + 1 = 8
6 × 4 = 24	9 + 9 = 18	5 × 9 = 45
8 − 8 = 0	5 − 1 = 4	9 + 6 = 15
6 × 0 = 0	1 × 8 = 8	10 − 5 = 5
3 + 7 = 10	16 − 8 = 8	4 + 7 = 11
10 − 8 = 2	3 + 9 = 12	10 − 6 = 4
7 × 9 = 63	4 × 4 = 16	9 × 2 = 18
16 − 7 = 9	11 − 4 = 7	8 + 6 = 14
7 + 8 = 15	9 + 1 = 10	11 − 9 = 2
11 − 7 = 4	2 × 3 = 6	

88

Tag 36

	8×2 = 16	13−5 = 8
4×9 = 36	4+0 = 4	1+7 = 8
13−4 = 9	6×4 = 24	2×3 = 6
7+8 = 15	1×3 = 3	9−4 = 5
6+6 = 12	8−6 = 2	4×2 = 8
5×9 = 45	5+3 = 8	6+5 = 11
3+2 = 5	5+9 = 14	12−4 = 8
1×5 = 5	14−6 = 8	4+1 = 5
7−2 = 5	5×5 = 25	3×4 = 12
8+8 = 16	10−6 = 4	5×3 = 15
16−7 = 9	7−3 = 4	6−2 = 4
9+3 = 12	7×6 = 42	4+6 = 10
4×3 = 12	1+5 = 6	5−2 = 3
9−5 = 4	13−8 = 5	8+5 = 13
2+7 = 9	7+6 = 13	11−2 = 9
9×3 = 27	12−8 = 4	4+9 = 13
10−9 = 1	9×8 = 72	6×8 = 48

97

Tag 35

	2×5 = 10	13−7 = 6
10−6 = 4	9+9 = 18	9−9 = 0
5+0 = 5	5−3 = 2	6+1 = 7
7×7 = 49	18−9 = 9	3+7 = 10
8−7 = 1	7+2 = 9	6−3 = 3
4+4 = 8	5×9 = 45	8×5 = 40
13−5 = 8	7+6 = 13	15−8 = 7
7×3 = 21	9−7 = 2	4+6 = 10
3×8 = 24	4×6 = 24	8×9 = 72
5+4 = 9	11−2 = 9	3+4 = 7
9+5 = 14	4×9 = 36	7−5 = 2
5×7 = 35	2+8 = 10	2×3 = 6
13−9 = 4	7×0 = 0	10−9 = 1
3+8 = 11	2+5 = 7	7×6 = 42
9−2 = 7	10−5 = 5	7+7 = 14
9×8 = 72	8+7 = 15	9×7 = 63
4+7 = 11	6×5 = 30	13−8 = 5

93

Tag 34

	8×2 = 16	8−5 = 3
2×5 = 10	6−5 = 1	4+1 = 5
9−1 = 8	1+0 = 1	1×9 = 9
4+2 = 6	5−3 = 2	11−6 = 5
3×2 = 6	7×7 = 49	9+3 = 12
2+9 = 11	15−7 = 8	5×8 = 40
7−4 = 3	3+4 = 7	4−1 = 3
12−3 = 9	8+9 = 17	9×8 = 72
7×8 = 56	9−8 = 1	8+1 = 9
10−4 = 6	3×1 = 3	14−7 = 7
8+4 = 12	13−6 = 7	7+7 = 14
5+5 = 10	6×6 = 36	9×2 = 18
9×6 = 54	3+7 = 10	5+3 = 8
3+3 = 6	10−9 = 1	12−6 = 6
5×6 = 30	9+5 = 14	3×3 = 9
0×7 = 0	15−9 = 6	5+7 = 12
8+5 = 13	4×3 = 12	10−6 = 4

91

Tag 33

	9×2 = 18	2+5 = 7
4+0 = 4	14−7 = 7	6×3 = 18
7−4 = 3	2+7 = 9	8−1 = 7
5×3 = 15	7×9 = 63	6+8 = 14
10−4 = 6	13−8 = 5	6×7 = 42
5+2 = 7	5×1 = 5	1+8 = 9
3×4 = 12	7+4 = 11	8×6 = 48
8−7 = 1	9−4 = 5	5+3 = 8
5×5 = 25	3+2 = 5	10−6 = 4
17−9 = 8	8−3 = 5	4−0 = 4
0×7 = 0	7×4 = 28	7+5 = 12
8+8 = 16	6+7 = 13	8×8 = 64
4×2 = 8	7−3 = 4	10−1 = 9
2×9 = 18	9+3 = 12	10−8 = 2
9+7 = 16	7×7 = 49	2×2 = 4
15−6 = 9	2+9 = 11	13−7 = 6
8+3 = 11	12−3 = 9	9+2 = 11

89

Tag 36

9×2 = 18	15−6 = 9	4+2 = 6
7×5 = 35	8+1 = 9	8+9 = 17
9+2 = 11	2−2 = 0	5−4 = 1
17−9 = 8	3×2 = 6	7×8 = 56
8×0 = 0	6−2 = 4	6+7 = 13
4+3 = 7	10−1 = 9	9×6 = 54
5+8 = 13	9+6 = 15	15−7 = 8
12−5 = 7	5×6 = 30	9−8 = 1
9×5 = 45	5+1 = 6	9+9 = 18
2×7 = 14	8+6 = 14	6×7 = 42
1+8 = 9	6×3 = 18	10−2 = 8
3+7 = 10	13−6 = 7	1+6 = 7
8−5 = 3	3×7 = 21	4−3 = 1
3×3 = 9	14−9 = 5	16−9 = 7
3×9 = 27	1+9 = 10	6+8 = 14
12−7 = 5	7×1 = 7	4×8 = 32
6+4 = 10	1−9 = 9	

98

Tag 35

8−4 = 4	6×7 = 42	16−8 = 8
0+3 = 3	7+3 = 10	5×5 = 25
7×4 = 28	14−5 = 9	9+1 = 10
15−6 = 9	6×9 = 54	2+3 = 5
4×4 = 16	14−7 = 7	9×2 = 18
9−4 = 5	8+4 = 12	4−4 = 0
8×7 = 56	2+6 = 8	6+2 = 8
6+6 = 12	9−5 = 4	3−1 = 2
14−9 = 5	2×4 = 8	4×2 = 8
9×6 = 54	4+8 = 12	17−9 = 8
1+7 = 8	4−3 = 1	8+9 = 17
7+9 = 16	7×2 = 14	3×5 = 15
11−5 = 6	5+3 = 8	5+8 = 13
5×2 = 10	15−7 = 8	7×8 = 56
12−9 = 3	8+6 = 14	10−1 = 9
2×2 = 4	12−9 = 3	7+4 = 11
7+5 = 12	8×1 = 8	

94

Tag 34

5×6 = 30	3+5 = 8	3−1 = 2
8−1 = 7	9+8 = 17	1×5 = 5
6+8 = 14	7×4 = 28	6+7 = 13
11−9 = 2	4−3 = 1	4+0 = 4
8×4 = 32	8+8 = 16	8×9 = 72
2+2 = 4	2×9 = 18	4+6 = 10
9−4 = 5	5+6 = 11	15−8 = 7
7×1 = 7	14−8 = 6	8−3 = 5
13−8 = 5	7+1 = 8	1+1 = 2
4×7 = 28	11−3 = 8	6×8 = 48
7+3 = 10	8×8 = 64	10−7 = 3
6−2 = 4	11−7 = 4	3×8 = 24
2+4 = 6	5×9 = 45	2+8 = 10
8+6 = 14	9+9 = 18	6×7 = 42
11−4 = 7	4+9 = 13	12−5 = 7
9×9 = 81	10−2 = 8	4×8 = 32
15−6 = 9	4×9 = 36	

92

Tag 33

9−3 = 6	0+6 = 6	9×4 = 36
16−7 = 9	8−4 = 4	2−1 = 1
3+5 = 8	3×9 = 27	6+3 = 9
8×1 = 8	6×4 = 24	11−2 = 9
14−9 = 5	3+9 = 12	9×8 = 72
2×8 = 16	5×8 = 40	5+5 = 10
7+2 = 9	11−9 = 2	6×6 = 36
11−6 = 5	7+1 = 8	5+9 = 14
4−4 = 0	4×8 = 32	8×2 = 16
5×7 = 35	7+9 = 16	4+9 = 13
11−4 = 7	9−1 = 8	9−7 = 2
8+6 = 14	8×4 = 32	12−8 = 4
7×6 = 42	12−7 = 5	3+8 = 11
9+9 = 18	3+3 = 6	2×5 = 10
18−9 = 9	13−9 = 4	5+8 = 13
2+8 = 10	3×3 = 9	10−2 = 8
0×9 = 0	4+7 = 11	

90

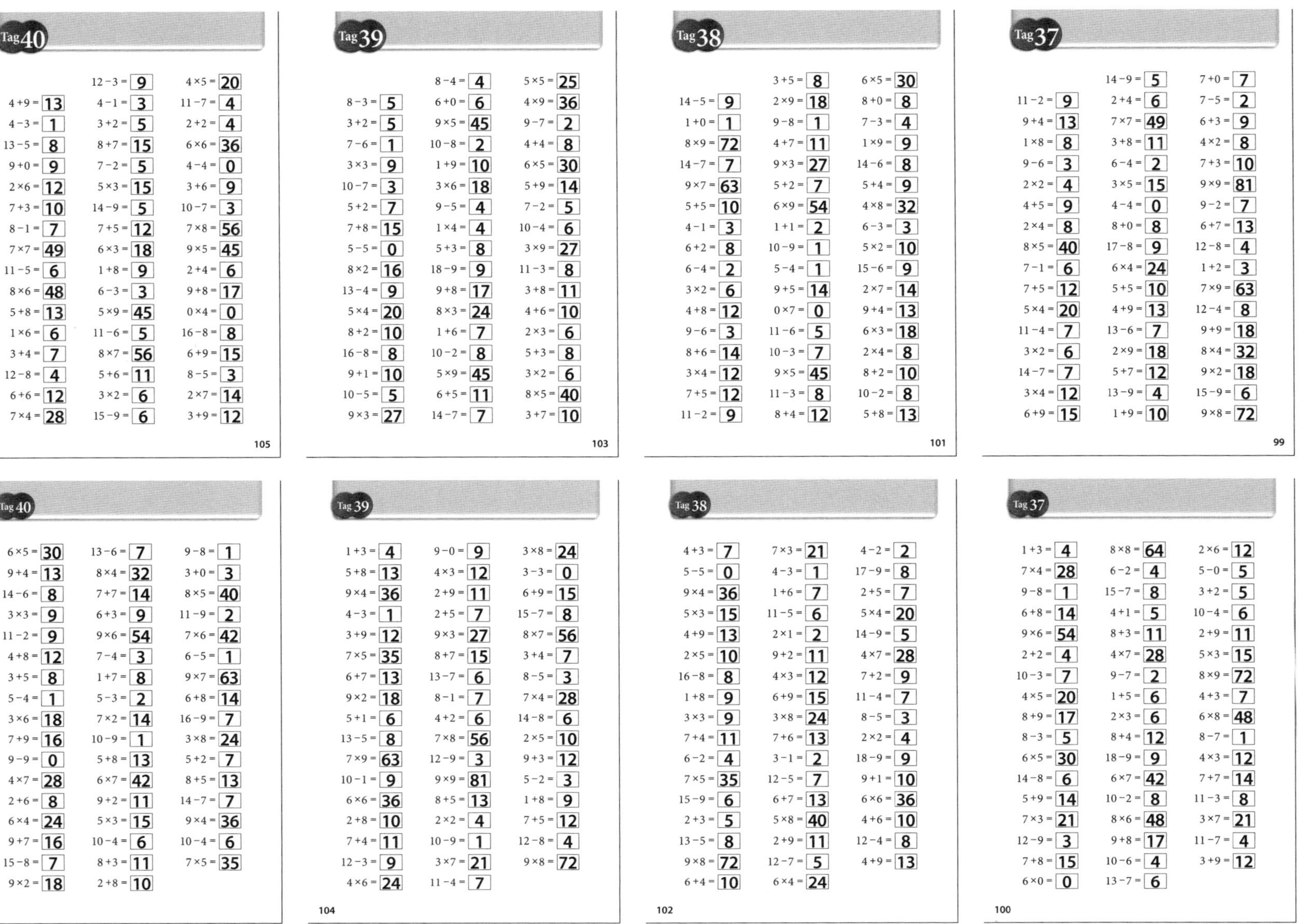

Tag 37

11 − 2 = 9
9 + 4 = 13
1 × 8 = 8
9 − 6 = 3
2 × 2 = 4
4 + 5 = 9
2 × 4 = 8
8 × 5 = 40
7 − 1 = 6
7 + 5 = 12
5 × 4 = 20
11 − 4 = 7
3 × 2 = 6
14 − 7 = 7
3 × 4 = 12
6 + 9 = 15

14 − 9 = 5
2 + 4 = 6
7 × 7 = 49
3 + 8 = 11
6 − 4 = 2
3 × 5 = 15
4 − 4 = 0
8 + 0 = 8
17 − 8 = 9
6 × 4 = 24
5 + 5 = 10
4 + 9 = 13
13 − 6 = 7
2 × 9 = 18
5 + 7 = 12
13 − 9 = 4
1 + 9 = 10

7 + 0 = 7
7 − 5 = 2
6 + 3 = 9
4 × 2 = 8
7 + 3 = 10
9 × 9 = 81
9 − 2 = 7
6 + 7 = 13
12 − 8 = 4
1 + 2 = 3
7 × 9 = 63
12 − 4 = 8
9 + 9 = 18
8 × 4 = 32
9 × 2 = 18
15 − 9 = 6
9 × 8 = 72

99

Tag 37

1 + 3 = 4
7 × 4 = 28
9 − 8 = 1
6 + 8 = 14
9 × 6 = 54
2 + 2 = 4
10 − 3 = 7
4 × 5 = 20
8 + 9 = 17
8 − 3 = 5
6 × 5 = 30
14 − 8 = 6
5 + 9 = 14
7 × 3 = 21
12 − 9 = 3
7 + 8 = 15
6 × 0 = 0

8 × 8 = 64
6 − 2 = 4
15 − 7 = 8
4 + 1 = 5
8 + 3 = 11
4 × 7 = 28
9 − 7 = 2
1 + 5 = 6
2 × 3 = 6
8 + 4 = 12
18 − 9 = 9
6 × 7 = 42
10 − 2 = 8
8 × 6 = 48
9 + 8 = 17
10 − 6 = 4
13 − 7 = 6

2 × 6 = 12
5 − 0 = 5
3 + 2 = 5
10 − 4 = 6
2 + 9 = 11
5 × 3 = 15
8 × 9 = 72
4 + 3 = 7
6 × 8 = 48
8 − 7 = 1
4 × 3 = 12
7 + 7 = 14
11 − 3 = 8
3 × 7 = 21
11 − 7 = 4
3 + 9 = 12

100

Tag 38

14 − 5 = 9
1 + 0 = 1
8 × 9 = 72
14 − 7 = 7
9 × 7 = 63
5 + 5 = 10
4 − 1 = 3
6 + 2 = 8
6 − 4 = 2
3 × 2 = 6
4 + 8 = 12
9 − 6 = 3
8 + 6 = 14
3 × 4 = 12
7 + 5 = 12
11 − 2 = 9

3 + 5 = 8
2 × 9 = 18
9 − 8 = 1
4 + 7 = 11
9 × 3 = 27
5 + 2 = 7
6 × 9 = 54
1 + 1 = 2
10 − 9 = 1
5 − 4 = 1
9 + 5 = 14
0 × 7 = 0
11 − 6 = 5
10 − 3 = 7
9 × 5 = 45
11 − 3 = 8
8 + 4 = 12

6 × 5 = 30
8 + 0 = 8
7 − 3 = 4
1 × 9 = 9
14 − 6 = 8
5 + 4 = 9
4 × 8 = 32
6 − 3 = 3
5 × 2 = 10
15 − 6 = 9
2 × 7 = 14
9 + 4 = 13
6 × 3 = 18
2 × 4 = 8
8 + 2 = 10
10 − 2 = 8
5 + 8 = 13

101

Tag 38

4 + 3 = 7
5 − 5 = 0
9 × 4 = 36
5 × 3 = 15
4 + 9 = 13
2 × 5 = 10
16 − 8 = 8
1 + 8 = 9
3 × 3 = 9
7 + 4 = 11
6 − 2 = 4
7 × 5 = 35
15 − 9 = 6
2 + 3 = 5
13 − 5 = 8
9 × 8 = 72
6 + 4 = 10

7 × 3 = 21
4 − 3 = 1
1 + 6 = 7
11 − 5 = 6
2 × 1 = 2
9 + 2 = 11
4 × 3 = 12
6 + 9 = 15
3 × 8 = 24
7 + 6 = 13
3 − 1 = 2
12 − 5 = 7
6 + 7 = 13
5 × 8 = 40
2 + 9 = 11
12 − 7 = 5
6 × 4 = 24

4 − 2 = 2
17 − 9 = 8
2 + 5 = 7
5 × 4 = 20
14 − 9 = 5
4 × 7 = 28
7 + 2 = 9
11 − 4 = 7
8 − 5 = 3
2 × 2 = 4
18 − 9 = 9
9 + 1 = 10
6 × 6 = 36
4 + 6 = 10
12 − 4 = 8
4 + 9 = 13

102

Tag 39

8 − 3 = 5
3 + 2 = 5
7 − 6 = 1
3 × 3 = 9
10 − 7 = 3
5 + 2 = 7
7 + 8 = 15
5 − 5 = 0
8 × 2 = 16
13 − 4 = 9
5 × 4 = 20
8 + 2 = 10
16 − 8 = 8
9 + 1 = 10
10 − 5 = 5
9 × 3 = 27

8 − 4 = 4
6 + 0 = 6
9 × 5 = 45
10 − 8 = 2
1 + 9 = 10
3 × 6 = 18
9 − 5 = 4
1 × 4 = 4
5 + 3 = 8
18 − 9 = 9
9 + 8 = 17
8 × 3 = 24
1 + 6 = 7
10 − 2 = 8
5 × 9 = 45
6 + 5 = 11
14 − 7 = 7

5 × 5 = 25
4 × 9 = 36
9 − 7 = 2
4 + 4 = 8
6 × 5 = 30
5 + 9 = 14
7 − 2 = 5
10 − 4 = 6
3 × 9 = 27
11 − 3 = 8
3 + 8 = 11
4 + 6 = 10
2 × 3 = 6
5 + 3 = 8
3 × 2 = 6
8 × 5 = 40
3 + 7 = 10

103

Tag 39

1 + 3 = 4
5 + 8 = 13
9 × 4 = 36
4 − 3 = 1
3 + 9 = 12
7 × 5 = 35
6 + 7 = 13
9 × 2 = 18
5 + 1 = 6
13 − 5 = 8
7 × 9 = 63
10 − 1 = 9
6 × 6 = 36
2 + 8 = 10
7 + 4 = 11
12 − 3 = 9
4 × 6 = 24

9 − 0 = 9
4 × 3 = 12
2 + 9 = 11
2 + 5 = 7
9 × 3 = 27
8 + 7 = 15
13 − 7 = 6
8 − 1 = 7
4 + 2 = 6
7 × 8 = 56
12 − 9 = 3
9 × 9 = 81
8 + 5 = 13
2 × 2 = 4
10 − 9 = 1
3 × 7 = 21
11 − 4 = 7

3 × 8 = 24
3 − 3 = 0
6 + 9 = 15
15 − 7 = 8
8 × 7 = 56
3 + 4 = 7
8 − 5 = 3
7 × 4 = 28
14 − 8 = 6
2 × 5 = 10
9 + 3 = 12
5 − 2 = 3
1 + 8 = 9
7 + 5 = 12
12 − 8 = 4
9 × 8 = 72

104

Tag 40

4 + 9 = 13
4 − 3 = 1
13 − 5 = 8
9 + 0 = 9
2 × 6 = 12
7 + 3 = 10
8 − 1 = 7
7 × 7 = 49
11 − 5 = 6
8 × 6 = 48
5 + 8 = 13
1 × 6 = 6
3 + 4 = 7
12 − 8 = 4
6 + 6 = 12
7 × 4 = 28

12 − 3 = 9
4 − 1 = 3
3 + 2 = 5
8 + 7 = 15
7 − 2 = 5
5 × 3 = 15
14 − 9 = 5
7 + 5 = 12
6 × 3 = 18
1 + 8 = 9
6 − 3 = 3
5 × 9 = 45
11 − 6 = 5
8 × 7 = 56
5 + 6 = 11
3 × 2 = 6
15 − 9 = 6

4 × 5 = 20
11 − 7 = 4
2 + 2 = 4
6 × 6 = 36
4 − 4 = 0
3 + 6 = 9
10 − 7 = 3
7 × 8 = 56
9 × 5 = 45
2 + 4 = 6
9 + 8 = 17
0 × 4 = 0
16 − 8 = 8
6 + 9 = 15
8 − 5 = 3
2 × 7 = 14
3 + 9 = 12

105

Tag 40

6 × 5 = 30
9 + 4 = 13
14 − 6 = 8
3 × 3 = 9
11 − 2 = 9
4 + 8 = 12
3 + 5 = 8
5 − 4 = 1
3 × 6 = 18
7 + 9 = 16
9 − 9 = 0
4 × 7 = 28
2 + 6 = 8
6 × 4 = 24
9 + 7 = 16
15 − 8 = 7
9 × 2 = 18

13 − 6 = 7
8 × 4 = 32
7 + 7 = 14
6 + 3 = 9
9 × 6 = 54
7 − 4 = 3
1 + 7 = 8
5 − 3 = 2
7 × 2 = 14
10 − 9 = 1
5 + 8 = 13
6 × 7 = 42
9 + 2 = 11
5 × 3 = 15
10 − 4 = 6
8 + 3 = 11
2 + 8 = 10

9 − 8 = 1
3 + 0 = 3
8 × 5 = 40
11 − 9 = 2
7 × 6 = 42
6 − 5 = 1
9 × 7 = 63
6 + 8 = 14
16 − 9 = 7
3 × 8 = 24
5 + 2 = 7
8 + 5 = 13
14 − 7 = 7
9 × 4 = 36
10 − 4 = 6
7 × 5 = 35

106

Tag 41

	5×4 = 20	12−5 = 7
5+3 = 8	3+3 = 6	8×6 = 48
5×7 = 35	9×9 = 81	16−7 = 9
4×1 = 4	5−4 = 1	7+9 = 16
2−0 = 2	2×7 = 14	4+7 = 11
3+4 = 7	6+5 = 11	5×5 = 25
9+2 = 11	18−9 = 9	3+5 = 8
10−1 = 9	2+6 = 8	3×3 = 9
4×5 = 20	5×6 = 30	7−1 = 6
15−8 = 7	9×3 = 27	9+7 = 16
7−5 = 2	3−2 = 1	12−9 = 3
3×6 = 18	7+6 = 13	6+9 = 15
4+5 = 9	9−5 = 4	4−2 = 2
14−6 = 8	5+7 = 12	3×5 = 15
8+6 = 14	11−9 = 2	3+1 = 4
12−4 = 8	2+8 = 10	2×8 = 16
3×9 = 27	4×6 = 24	11−8 = 3

109

Tag 41

13−7 = 6	4+2 = 6	3×8 = 24
3+2 = 5	5+6 = 11	9×7 = 63
3−3 = 0	9−9 = 0	9+6 = 15
7×2 = 14	4×8 = 32	11−7 = 4
9−6 = 3	9+8 = 17	1×9 = 9
10−5 = 5	3×7 = 21	1+2 = 3
8+3 = 11	11−2 = 9	7+8 = 15
9×4 = 36	9−7 = 2	13−9 = 4
2+4 = 6	3+7 = 10	8×5 = 40
7+3 = 10	9×2 = 18	9×8 = 72
6×2 = 12	6×9 = 54	4+3 = 7
11−3 = 8	0+7 = 7	6+8 = 14
5×9 = 45	4−1 = 3	5−2 = 3
12−7 = 5	11−5 = 6	7×5 = 35
2+9 = 11	3+9 = 12	4×4 = 16
7×7 = 49	5×0 = 0	14−5 = 9
15−6 = 9	8+5 = 13	

110

Tag 42

	14−9 = 5	4+5 = 9
7+2 = 9	4−3 = 1	16−8 = 8
3×8 = 24	1+8 = 9	7+8 = 15
9+9 = 18	5×9 = 45	3×6 = 18
8−4 = 4	8+6 = 14	9−4 = 5
2×2 = 4	7×2 = 14	1×5 = 5
9−8 = 1	9−5 = 4	7+1 = 8
8+0 = 8	7+3 = 10	2×6 = 12
10−3 = 7	13−6 = 7	3×9 = 27
6×3 = 18	4+3 = 7	5−5 = 0
4+9 = 13	7×9 = 63	6+8 = 14
6+7 = 13	10−6 = 4	4×7 = 28
13−5 = 8	3+9 = 12	15−6 = 9
4×8 = 32	6×6 = 36	5×2 = 10
9+2 = 11	5−3 = 2	10−9 = 1
18−9 = 9	11−3 = 8	9×3 = 27
5+7 = 12	2×9 = 18	9+8 = 17

111

Tag 42

2×5 = 10	5×7 = 35	2+5 = 7
6−4 = 2	8−8 = 0	3×4 = 12
14−7 = 7	2+4 = 6	5−1 = 4
3+5 = 8	13−8 = 5	8+9 = 17
8+3 = 11	5+9 = 14	4×9 = 36
5×6 = 30	7×5 = 35	3+4 = 7
2−1 = 1	6×2 = 12	11−8 = 3
5+1 = 6	3+3 = 6	4×5 = 20
9×7 = 63	8×7 = 56	7+8 = 15
7+6 = 13	6−3 = 3	8−3 = 5
10−8 = 2	5×4 = 20	9×9 = 81
6+5 = 11	8+2 = 10	12−6 = 6
14−5 = 9	11−6 = 5	1+9 = 10
9×1 = 9	4×4 = 16	8×5 = 40
4+6 = 10	12−8 = 4	11−5 = 6
16−7 = 9	7+5 = 12	8+4 = 12
7×3 = 21	15−9 = 6	

112

Tag 43

	2×3 = 6	3+4 = 7
2×4 = 8	1+5 = 6	13−8 = 5
3−2 = 1	7−2 = 5	2+2 = 4
3+8 = 11	6×3 = 18	2×9 = 18
8×6 = 48	10−7 = 3	10−1 = 9
7+0 = 7	4+5 = 9	5×5 = 25
3×4 = 12	1×9 = 9	9+2 = 11
5+3 = 8	6−4 = 2	6−5 = 1
12−4 = 8	8×4 = 32	6+2 = 8
9−1 = 8	11−3 = 8	9−7 = 2
4+6 = 10	6×4 = 24	7×6 = 42
7×3 = 21	3+9 = 12	5+8 = 13
13−4 = 9	8×8 = 64	8−2 = 6
10−3 = 7	6×7 = 42	7+5 = 12
9×5 = 45	6+4 = 10	9×2 = 18
15−7 = 8	13−6 = 7	6+8 = 14
5+9 = 14	9+3 = 12	17−9 = 8

113

Tag 43

6×9 = 54	8−4 = 4	1+0 = 1
7−1 = 6	10−4 = 6	7−4 = 3
4+1 = 5	0+5 = 5	3×5 = 15
11−9 = 2	9×8 = 72	4×9 = 36
5×0 = 0	12−3 = 9	7+6 = 13
8+5 = 13	7×5 = 35	9×7 = 63
9×4 = 36	3+5 = 8	11−6 = 5
1+9 = 10	14−8 = 6	6+1 = 7
8×5 = 40	8−5 = 3	6×5 = 30
9+4 = 13	9×3 = 27	8+9 = 17
5−1 = 4	15−6 = 9	8−7 = 1
11−7 = 4	9+7 = 16	4×5 = 20
2+8 = 10	3×3 = 9	14−6 = 8
3×2 = 6	8+8 = 16	2+4 = 6
5+5 = 10	12−6 = 6	10−2 = 8
10−5 = 5	4+7 = 11	6×2 = 12
4+8 = 12	7×9 = 63	

114

Tag 44

	7−3 = 4	9×7 = 63
5+2 = 7	8−2 = 6	4−2 = 2
3×5 = 15	7×0 = 0	4+5 = 9
11−2 = 9	2+6 = 8	6−2 = 4
9+2 = 11	6×8 = 48	3×3 = 9
4×3 = 12	7+4 = 11	14−8 = 6
9−9 = 0	5−3 = 2	3+5 = 8
8×6 = 48	12−7 = 5	9+4 = 13
1+7 = 8	9×2 = 18	9−3 = 6
14−9 = 5	5×1 = 5	4×6 = 24
5+8 = 13	7+9 = 16	12−9 = 3
9×9 = 81	6+8 = 14	8×2 = 16
3+6 = 9	4×9 = 36	8+6 = 14
13−6 = 7	3+0 = 3	11−4 = 7
9×6 = 54	2×5 = 10	3+9 = 12
8+4 = 12	3×8 = 24	17−9 = 8
15−6 = 9	8+7 = 15	9×3 = 27

115

Tag 44

3−2 = 1	5×4 = 20	3+2 = 5
4×5 = 20	8−3 = 5	7+8 = 15
3+7 = 10	6+7 = 13	3×2 = 6
4+3 = 7	7×2 = 14	9−6 = 3
6×9 = 54	9×4 = 36	5+7 = 12
6+5 = 11	3+1 = 4	3×9 = 27
12−6 = 6	9−1 = 8	8+5 = 13
8−7 = 1	17−8 = 9	12−5 = 7
1+2 = 3	7×7 = 49	2+5 = 7
8×3 = 24	11−6 = 5	15−8 = 7
10−6 = 4	3+8 = 11	2×9 = 18
3×7 = 21	3−2 = 1	13−5 = 8
7+7 = 14	2+1 = 3	5×3 = 15
5×6 = 30	5+6 = 11	9+8 = 17
15−9 = 6	13−7 = 6	7+5 = 12
6×2 = 12	6×0 = 0	12−4 = 8
7×9 = 63	12−3 = 9	

116

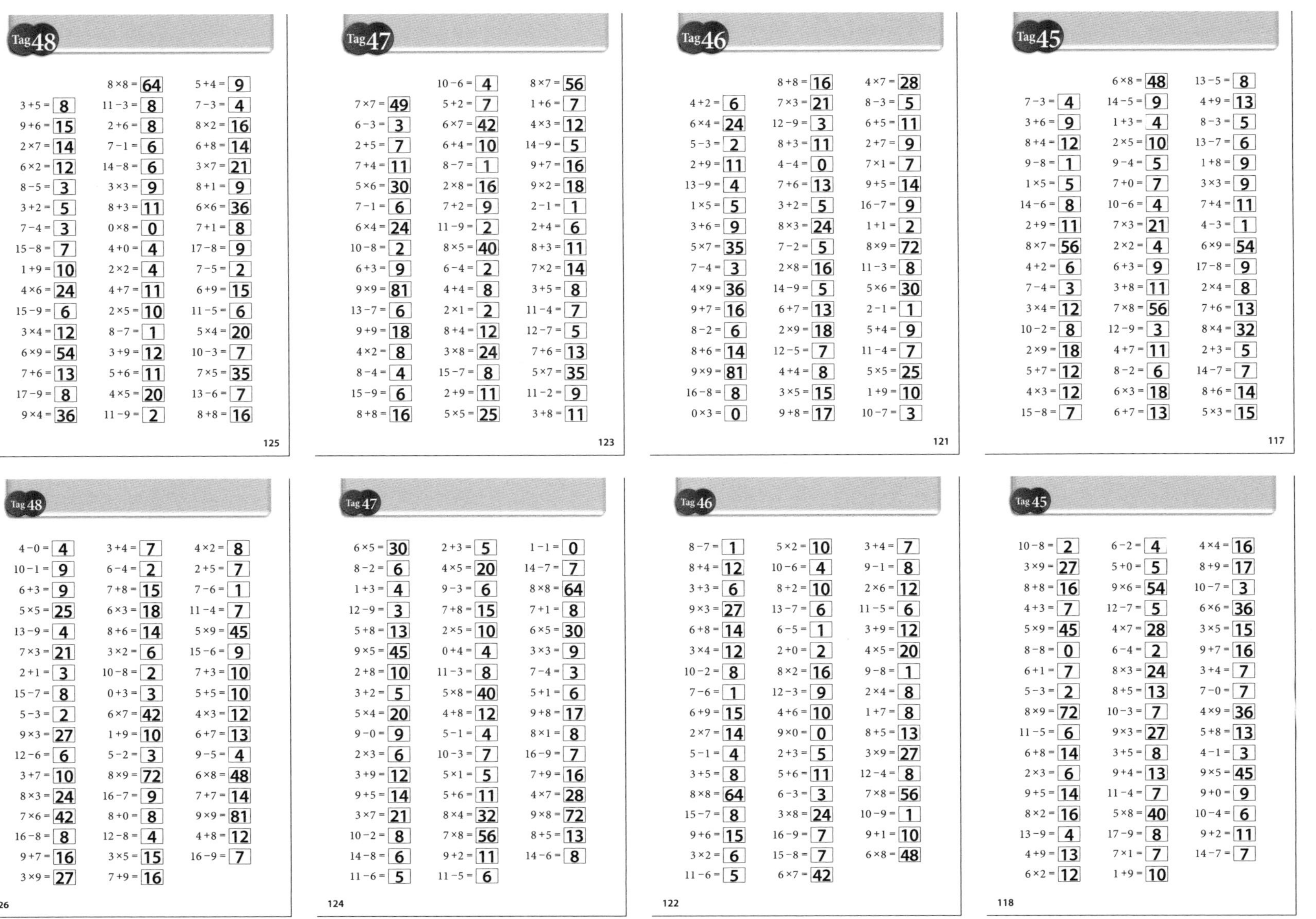

Tag 45

7 − 3 = 4
3 + 6 = 9
8 + 4 = 12
9 − 8 = 1
1 × 5 = 5
14 − 6 = 8
2 + 9 = 11
8 × 7 = 56
4 + 2 = 6
7 − 4 = 3
3 × 4 = 12
10 − 2 = 8
2 × 9 = 18
5 + 7 = 12
4 × 3 = 12
15 − 8 = 7

6 × 8 = 48
14 − 5 = 9
1 + 3 = 4
2 × 5 = 10
9 − 4 = 5
7 + 0 = 7
10 − 6 = 4
7 × 3 = 21
2 × 2 = 4
6 + 3 = 9
3 + 8 = 11
7 × 8 = 56
12 − 9 = 3
4 + 7 = 11
8 − 2 = 6
6 × 3 = 18
6 + 7 = 13

13 − 5 = 8
4 + 9 = 13
8 − 3 = 5
13 − 7 = 6
1 + 8 = 9
3 × 3 = 9
7 + 4 = 11
4 − 3 = 1
6 × 9 = 54
17 − 8 = 9
2 × 4 = 8
7 + 6 = 13
8 × 4 = 32
2 + 3 = 5
14 − 7 = 7
8 + 6 = 14
5 × 3 = 15

117

Tag 45

10 − 8 = 2
3 × 9 = 27
8 + 8 = 16
4 + 3 = 7
5 × 9 = 45
8 − 8 = 0
6 + 1 = 7
5 − 3 = 2
8 × 9 = 72
11 − 5 = 6
6 + 8 = 14
2 × 3 = 6
9 + 5 = 14
8 × 2 = 16
13 − 9 = 4
4 + 9 = 13
6 × 2 = 12

6 − 2 = 4
5 + 0 = 5
9 × 6 = 54
12 − 7 = 5
4 × 7 = 28
6 − 4 = 2
8 × 3 = 24
8 + 5 = 13
10 − 3 = 7
9 × 3 = 27
3 + 5 = 8
9 + 4 = 13
11 − 4 = 7
5 × 8 = 40
17 − 9 = 8
7 × 1 = 7
1 + 9 = 10

4 × 4 = 16
8 + 9 = 17
10 − 7 = 3
6 × 6 = 36
3 × 5 = 15
9 + 7 = 16
3 + 4 = 7
7 − 0 = 7
4 × 9 = 36
5 + 8 = 13
4 − 1 = 3
9 × 5 = 45
9 + 0 = 9
10 − 4 = 6
9 + 2 = 11
14 − 7 = 7

118

Tag 46

4 + 2 = 6
6 × 4 = 24
5 − 3 = 2
2 + 9 = 11
13 − 9 = 4
1 × 5 = 5
3 + 6 = 9
5 × 7 = 35
7 − 4 = 3
4 × 9 = 36
9 + 7 = 16
8 − 2 = 6
8 + 6 = 14
9 × 9 = 81
16 − 8 = 8
0 × 3 = 0

8 + 8 = 16
7 × 3 = 21
12 − 9 = 3
8 + 3 = 11
4 − 4 = 0
7 + 6 = 13
3 + 2 = 5
8 × 3 = 24
7 − 2 = 5
2 × 8 = 16
14 − 9 = 5
6 + 7 = 13
2 × 9 = 18
12 − 5 = 7
4 + 4 = 8
3 × 5 = 15
9 + 8 = 17

4 × 7 = 28
8 − 3 = 5
6 + 5 = 11
2 + 7 = 9
7 × 1 = 7
9 + 5 = 14
16 − 7 = 9
1 + 1 = 2
8 × 9 = 72
11 − 3 = 8
5 × 6 = 30
2 − 1 = 1
5 + 4 = 9
11 − 4 = 7
5 × 5 = 25
1 + 9 = 10
10 − 7 = 3

121

Tag 46

8 − 7 = 1
8 + 4 = 12
3 + 3 = 6
9 × 3 = 27
6 + 8 = 14
3 × 4 = 12
10 − 2 = 8
7 − 6 = 1
6 + 9 = 15
2 × 7 = 14
5 − 1 = 4
3 + 5 = 8
8 × 8 = 64
15 − 7 = 8
9 + 6 = 15
3 × 2 = 6
11 − 6 = 5

5 × 2 = 10
10 − 6 = 4
8 + 2 = 10
13 − 7 = 6
6 − 5 = 1
2 + 0 = 2
8 × 2 = 16
12 − 3 = 9
4 + 6 = 10
9 × 0 = 0
2 + 3 = 5
5 + 6 = 11
6 − 3 = 3
3 × 8 = 24
16 − 9 = 7
15 − 8 = 7
6 × 7 = 42

3 + 4 = 7
9 − 1 = 8
2 × 6 = 12
11 − 5 = 6
3 + 9 = 12
4 × 5 = 20
9 − 8 = 1
2 × 4 = 8
1 + 7 = 8
8 + 5 = 13
3 × 9 = 27
12 − 4 = 8
7 × 8 = 56
10 − 9 = 1
9 + 1 = 10
6 × 8 = 48

122

Tag 47

7 × 7 = 49
6 − 3 = 3
2 + 5 = 7
7 + 4 = 11
5 × 6 = 30
7 − 1 = 6
6 × 4 = 24
10 − 8 = 2
6 + 3 = 9
9 × 9 = 81
13 − 7 = 6
9 + 9 = 18
4 × 2 = 8
8 − 4 = 4
15 − 9 = 6
8 + 8 = 16

10 − 6 = 4
5 + 2 = 7
6 × 7 = 42
6 + 4 = 10
8 − 7 = 1
2 × 8 = 16
7 + 2 = 9
11 − 9 = 2
8 × 5 = 40
6 − 4 = 2
4 + 4 = 8
2 × 1 = 2
8 + 4 = 12
3 × 8 = 24
15 − 7 = 8
2 + 9 = 11
5 × 5 = 25

8 × 7 = 56
1 + 6 = 7
4 × 3 = 12
14 − 9 = 5
9 + 7 = 16
9 × 2 = 18
2 − 1 = 1
2 + 4 = 6
8 + 3 = 11
7 × 2 = 14
3 + 5 = 8
11 − 4 = 7
12 − 7 = 5
7 + 6 = 13
5 × 7 = 35
11 − 2 = 9
3 + 8 = 11

123

Tag 47

6 × 5 = 30
8 − 2 = 6
1 + 3 = 4
12 − 9 = 3
5 + 8 = 13
9 × 5 = 45
2 + 8 = 10
3 + 2 = 5
5 × 4 = 20
9 − 0 = 9
2 × 3 = 6
3 + 9 = 12
9 + 5 = 14
3 × 7 = 21
10 − 2 = 8
14 − 8 = 6
11 − 6 = 5

2 + 3 = 5
4 × 5 = 20
9 − 3 = 6
7 + 8 = 15
2 × 5 = 10
0 + 4 = 4
11 − 3 = 8
5 × 8 = 40
4 + 8 = 12
5 − 1 = 4
10 − 3 = 7
5 × 1 = 5
5 + 6 = 11
8 × 4 = 32
7 × 8 = 56
9 + 2 = 11
11 − 5 = 6

1 − 1 = 0
14 − 7 = 7
8 × 8 = 64
7 + 1 = 8
6 × 5 = 30
3 × 3 = 9
7 − 4 = 3
5 + 1 = 6
9 + 8 = 17
8 × 1 = 8
16 − 9 = 7
7 + 9 = 16
4 × 7 = 28
9 × 8 = 72
8 + 5 = 13
14 − 6 = 8

124

Tag 48

3 + 5 = 8
9 + 6 = 15
2 × 7 = 14
6 × 2 = 12
8 − 5 = 3
3 + 2 = 5
7 − 4 = 3
15 − 8 = 7
1 + 9 = 10
4 × 6 = 24
15 − 9 = 6
3 × 4 = 12
6 × 9 = 54
7 + 6 = 13
17 − 9 = 8
9 × 4 = 36

8 × 8 = 64
11 − 3 = 8
2 + 6 = 8
7 − 1 = 6
14 − 8 = 6
3 × 3 = 9
8 + 3 = 11
0 × 8 = 0
4 + 0 = 4
2 × 2 = 4
4 + 7 = 11
2 × 5 = 10
8 − 7 = 1
3 + 9 = 12
5 + 6 = 11
4 × 5 = 20
11 − 9 = 2

5 + 4 = 9
7 − 3 = 4
8 × 2 = 16
6 + 8 = 14
3 × 7 = 21
8 + 1 = 9
6 × 6 = 36
7 + 1 = 8
17 − 8 = 9
7 − 5 = 2
6 + 9 = 15
11 − 5 = 6
5 × 4 = 20
10 − 3 = 7
7 × 5 = 35
13 − 6 = 7
8 + 8 = 16

125

Tag 48

4 − 0 = 4
10 − 1 = 9
6 + 3 = 9
5 × 5 = 25
13 − 9 = 4
7 × 3 = 21
2 + 1 = 3
15 − 7 = 8
5 − 3 = 2
9 × 3 = 27
12 − 6 = 6
3 + 7 = 10
8 × 3 = 24
7 × 6 = 42
16 − 8 = 8
9 + 7 = 16
3 × 9 = 27

3 + 4 = 7
6 − 4 = 2
7 + 8 = 15
6 × 3 = 18
8 + 6 = 14
3 × 2 = 6
10 − 8 = 2
0 + 3 = 3
6 × 7 = 42
1 + 9 = 10
5 − 2 = 3
8 × 9 = 72
16 − 7 = 9
8 + 0 = 8
12 − 8 = 4
3 × 5 = 15
7 + 9 = 16

4 × 2 = 8
2 + 5 = 7
7 − 6 = 1
11 − 4 = 7
5 × 9 = 45
15 − 6 = 9
7 + 3 = 10
5 + 5 = 10
4 × 3 = 12
6 + 7 = 13
9 − 5 = 4
6 × 8 = 48
7 + 7 = 14
9 × 9 = 81
4 + 8 = 12
16 − 9 = 7

126

Tag 49

	2+5 = 7	8−3 = 5
5×3 = 15	7−2 = 5	9×7 = 63
8−1 = 7	9×8 = 72	3+5 = 8
3+6 = 9	4−3 = 1	13−5 = 8
8×4 = 32	9+8 = 17	8+6 = 14
7+5 = 12	15−6 = 9	6×7 = 42
9−8 = 1	8+1 = 9	9−4 = 5
5+4 = 9	6×8 = 48	5×6 = 30
3×4 = 12	9−5 = 4	3+1 = 4
1×7 = 7	2×3 = 6	10−9 = 1
8+7 = 15	18−9 = 9	6+9 = 15
6+6 = 12	2×5 = 10	4+5 = 9
14−5 = 9	7+6 = 13	8×9 = 72
2×9 = 18	13−4 = 9	16−7 = 9
17−9 = 8	8+2 = 10	4×7 = 28
4×5 = 20	10−7 = 3	9+5 = 14
7+4 = 11	5×2 = 10	12−8 = 4

127

Tag 49

6×3 = 18	4+4 = 8	8−2 = 6
5+8 = 13	3+9 = 12	4+1 = 5
12−9 = 3	2×4 = 8	6+8 = 14
8−6 = 2	7−4 = 3	2+7 = 9
4×3 = 12	8+4 = 12	7×9 = 63
9−3 = 6	3+0 = 3	10−1 = 9
1+3 = 4	9×9 = 81	8+7 = 15
7×6 = 42	11−5 = 6	6−6 = 0
17−8 = 9	7+7 = 14	1+6 = 7
8×5 = 40	13−9 = 4	5×9 = 45
7+9 = 16	5×7 = 35	10−4 = 6
6−3 = 3	5+9 = 14	2×8 = 16
2×7 = 14	9×2 = 18	6+4 = 10
9+3 = 12	16−8 = 8	3×8 = 24
16−9 = 7	4+9 = 13	11−4 = 7
5×8 = 40	15−6 = 9	3×9 = 27
14−7 = 7	4×8 = 32	

128

Tag 50

	6×6 = 36	12−3 = 9
2+1 = 3	7+3 = 10	6−2 = 4
6+9 = 15	5−1 = 4	4+2 = 6
7×6 = 42	8+7 = 15	9+2 = 11
8−2 = 6	10−5 = 5	8−6 = 2
13−4 = 9	8×7 = 56	7×3 = 21
6+2 = 8	6+8 = 14	17−9 = 8
7−2 = 5	4×5 = 20	9−1 = 8
0×7 = 0	7−7 = 0	4×7 = 28
2+4 = 6	11−8 = 3	2+6 = 8
6×5 = 30	2×9 = 18	4+9 = 13
5+7 = 12	9+1 = 10	2×6 = 12
12−8 = 4	2×4 = 8	12−9 = 3
9×9 = 81	3+6 = 9	4×3 = 12
11−7 = 4	9×4 = 36	5+5 = 10
3×1 = 3	7+4 = 11	18−9 = 9
2+9 = 11	11−4 = 7	9×7 = 63

129

Tag 50

6−1 = 5	4+6 = 10	12−6 = 6
3+5 = 8	9×0 = 0	3+9 = 12
4×9 = 36	15−9 = 6	8×2 = 16
7×2 = 14	3×5 = 15	9+0 = 9
8−7 = 1	9+9 = 18	8×8 = 64
10−9 = 1	16−7 = 9	2−1 = 1
2×3 = 6	3+0 = 3	4+5 = 9
9+5 = 14	6−4 = 2	7−6 = 1
15−7 = 8	9×2 = 18	12−5 = 7
4×8 = 32	8+3 = 11	4×6 = 24
1+4 = 5	8−5 = 3	7+5 = 12
7+9 = 16	7×7 = 49	8×6 = 48
11−3 = 8	7+2 = 9	5+6 = 11
6×4 = 24	3×8 = 24	14−8 = 6
10−2 = 8	7×9 = 63	6+7 = 13
8×3 = 24	4+8 = 12	6×3 = 18
5+9 = 14	10−6 = 4	

130

Tag 51

	4×3 = 12	9×5 = 45
6×5 = 30	9−8 = 1	6+1 = 7
9−9 = 0	6+4 = 10	5×5 = 25
7+3 = 10	5+3 = 8	9−5 = 4
6−2 = 4	7+4 = 11	6+6 = 12
8+6 = 14	8+9 = 17	10−8 = 2
2+2 = 4	13−4 = 9	6×7 = 42
9×9 = 81	2+6 = 8	2+5 = 7
8−6 = 2	7×2 = 14	4×8 = 32
1×7 = 7	11−5 = 6	4−1 = 3
10−3 = 7	5×7 = 35	5×2 = 10
4+6 = 10	3−2 = 1	3+8 = 11
6×9 = 54	4+5 = 9	7−4 = 3
12−6 = 6	10−9 = 1	8×9 = 72
3+5 = 8	8×4 = 32	8+5 = 13
2×6 = 12	9+5 = 14	15−6 = 9
8+8 = 16	13−7 = 6	9×3 = 27

133

Tag 51

3×5 = 15	3+6 = 9	7−1 = 6
16−9 = 7	7−5 = 2	9+8 = 17
6+7 = 13	5×9 = 45	5+0 = 5
9×1 = 9	13−5 = 8	7×9 = 63
8−5 = 3	6+8 = 14	5+8 = 13
4+4 = 8	8×3 = 24	3×7 = 21
3×6 = 18	9−3 = 6	13−8 = 5
10−4 = 6	7×4 = 28	9−6 = 3
5+6 = 11	1+7 = 8	2×7 = 14
3×4 = 12	9+2 = 11	2+8 = 10
1+5 = 6	1×1 = 1	1−1 = 0
9+4 = 13	11−3 = 8	2+4 = 6
4−2 = 2	9×7 = 63	11−4 = 7
7×8 = 56	17−9 = 8	13−6 = 7
11−9 = 2	7+5 = 12	9+1 = 10
17−8 = 9	9×4 = 36	6×8 = 48
14−9 = 5	2×2 = 4	

134

Tag 52

	5×5 = 25	6×3 = 18
3+5 = 8	2+6 = 8	1×6 = 6
8×7 = 56	2×3 = 6	8−5 = 3
9+1 = 10	14−5 = 9	5+2 = 7
4−4 = 0	6+5 = 11	7+4 = 11
1×8 = 8	4×1 = 4	4×8 = 32
2+6 = 8	9−3 = 6	9−6 = 3
14−9 = 5	8+1 = 9	9×5 = 45
3×4 = 12	14−8 = 6	13−4 = 9
6−3 = 3	6×5 = 30	3+6 = 9
4+5 = 9	4+3 = 7	2×7 = 14
6×6 = 36	17−8 = 9	11−5 = 6
8+4 = 12	16−9 = 7	9+5 = 14
2×6 = 12	2+8 = 10	7×5 = 35
10−7 = 3	7×8 = 56	9−2 = 7
3+9 = 12	13−6 = 7	15−7 = 8
5×8 = 40	8+7 = 15	1+9 = 10

135

Tag 52

5+1 = 6	4−2 = 2	9×6 = 54
7×3 = 21	16−8 = 8	7−6 = 1
3−3 = 0	3×2 = 6	6+3 = 9
9+2 = 11	1+6 = 7	15−9 = 6
8×6 = 48	2×4 = 8	9+3 = 12
2+3 = 5	9×1 = 9	7×4 = 28
13−7 = 6	8−3 = 5	8+5 = 13
7×9 = 63	4+4 = 8	3+4 = 7
6+9 = 15	9+7 = 16	9×9 = 81
5−1 = 4	5×6 = 30	9−5 = 4
11−4 = 7	13−9 = 4	8×3 = 24
2×9 = 18	8+8 = 16	8+6 = 14
3+7 = 10	3×6 = 18	8+3 = 11
4×4 = 16	6×7 = 42	3×9 = 27
12−7 = 5	7+7 = 14	10−9 = 1
9+2 = 11	11−8 = 3	16−7 = 9
14−7 = 7	12−5 = 7	

136

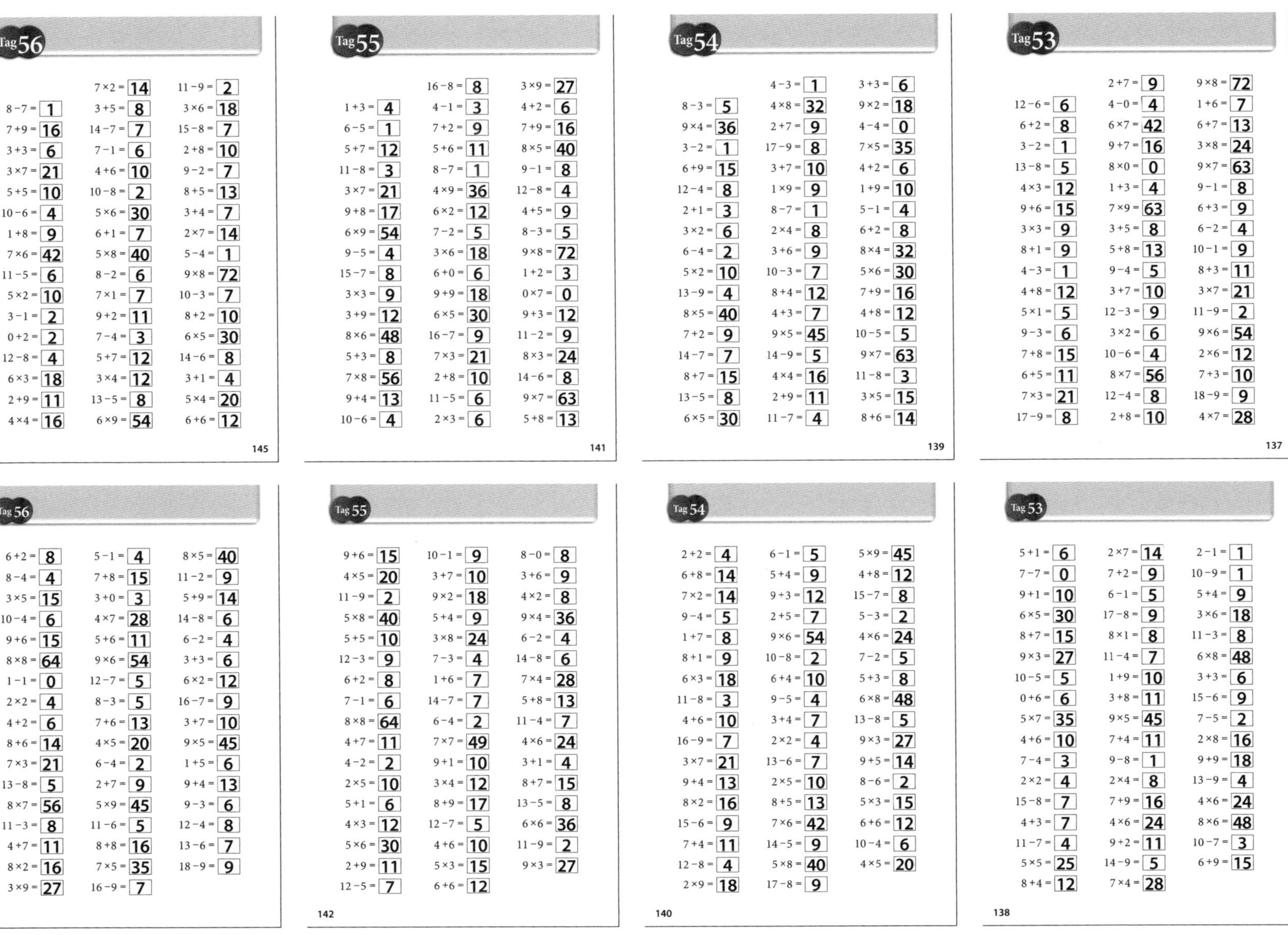

Tag 53

12 − 6 = 6
6 + 2 = 8
3 − 2 = 1
13 − 8 = 5
4 × 3 = 12
9 + 6 = 15
3 × 3 = 9
8 + 1 = 9
4 − 3 = 1
4 + 8 = 12
5 × 1 = 5
9 − 3 = 6
7 + 8 = 15
6 + 5 = 11
7 × 3 = 21
17 − 9 = 8

2 + 7 = 9
4 − 0 = 4
6 × 7 = 42
9 + 7 = 16
8 × 0 = 0
1 + 3 = 4
7 × 9 = 63
3 + 5 = 8
5 + 8 = 13
9 − 4 = 5
3 + 7 = 10
12 − 3 = 9
3 × 2 = 6
10 − 6 = 4
8 × 7 = 56
12 − 4 = 8
2 + 8 = 10

9 × 8 = 72
1 + 6 = 7
6 + 7 = 13
3 × 8 = 24
9 × 7 = 63
9 − 1 = 8
6 + 3 = 9
6 − 2 = 4
10 − 1 = 9
8 + 3 = 11
3 × 7 = 21
11 − 9 = 2
9 × 6 = 54
2 × 6 = 12
7 + 3 = 10
18 − 9 = 9
4 × 7 = 28

137

Tag 53

5 + 1 = 6
7 − 7 = 0
9 + 1 = 10
6 × 5 = 30
8 + 7 = 15
9 × 3 = 27
10 − 5 = 5
0 + 6 = 6
5 × 7 = 35
4 + 6 = 10
7 − 4 = 3
2 × 2 = 4
15 − 8 = 7
4 + 3 = 7
11 − 7 = 4
5 × 5 = 25
8 + 4 = 12

2 × 7 = 14
7 + 2 = 9
6 − 1 = 5
17 − 8 = 9
8 × 1 = 8
11 − 4 = 7
1 + 9 = 10
3 + 8 = 11
9 × 5 = 45
7 + 4 = 11
9 − 8 = 1
2 × 4 = 8
7 + 9 = 16
4 × 6 = 24
9 + 2 = 11
14 − 9 = 5
7 × 4 = 28

2 − 1 = 1
10 − 9 = 1
5 + 4 = 9
3 × 6 = 18
11 − 3 = 8
6 × 8 = 48
3 + 3 = 6
15 − 6 = 9
7 − 5 = 2
2 × 8 = 16
9 + 9 = 18
13 − 9 = 4
4 × 6 = 24
8 × 6 = 48
10 − 7 = 3
6 + 9 = 15

138

Tag 54

8 − 3 = 5
9 × 4 = 36
3 − 2 = 1
6 + 9 = 15
12 − 4 = 8
2 + 1 = 3
3 × 2 = 6
6 − 4 = 2
5 × 2 = 10
13 − 9 = 4
8 × 5 = 40
7 + 2 = 9
14 − 7 = 7
8 + 7 = 15
13 − 5 = 8
6 × 5 = 30

4 − 3 = 1
4 × 8 = 32
2 + 7 = 9
17 − 9 = 8
3 + 7 = 10
1 × 9 = 9
8 − 7 = 1
2 × 4 = 8
3 + 6 = 9
10 − 3 = 7
8 + 4 = 12
4 + 3 = 7
9 × 5 = 45
14 − 9 = 5
4 × 4 = 16
2 + 9 = 11
11 − 7 = 4

3 + 3 = 6
9 × 2 = 18
4 − 4 = 0
7 × 5 = 35
4 + 2 = 6
1 + 9 = 10
5 − 1 = 4
6 + 2 = 8
8 × 4 = 32
5 × 6 = 30
7 + 9 = 16
4 + 8 = 12
10 − 5 = 5
9 × 7 = 63
11 − 8 = 3
3 × 5 = 15
8 + 6 = 14

139

Tag 54

2 + 2 = 4
6 + 8 = 14
7 × 2 = 14
9 − 4 = 5
1 + 7 = 8
8 + 1 = 9
6 × 3 = 18
11 − 8 = 3
4 + 6 = 10
16 − 9 = 7
3 × 7 = 21
9 + 4 = 13
8 × 2 = 16
15 − 6 = 9
7 + 4 = 11
12 − 8 = 4
2 × 9 = 18

6 − 1 = 5
5 + 4 = 9
9 + 3 = 12
2 + 5 = 7
9 × 6 = 54
10 − 8 = 2
6 + 4 = 10
9 − 5 = 4
3 + 4 = 7
2 × 2 = 4
13 − 6 = 7
2 × 5 = 10
8 + 5 = 13
7 × 6 = 42
14 − 5 = 9
5 × 8 = 40
17 − 8 = 9

5 × 9 = 45
4 + 8 = 12
15 − 7 = 8
5 − 3 = 2
4 × 6 = 24
7 − 2 = 5
5 + 3 = 8
6 × 8 = 48
13 − 8 = 5
9 × 3 = 27
9 + 5 = 14
8 − 6 = 2
5 × 3 = 15
6 + 6 = 12
10 − 4 = 6
4 × 5 = 20

140

Tag 55

1 + 3 = 4
6 − 5 = 1
5 + 7 = 12
11 − 8 = 3
3 × 7 = 21
9 + 8 = 17
6 × 9 = 54
9 − 5 = 4
15 − 7 = 8
3 × 3 = 9
3 + 9 = 12
8 × 6 = 48
5 + 3 = 8
7 × 8 = 56
9 + 4 = 13
10 − 6 = 4

16 − 8 = 8
4 − 1 = 3
7 + 2 = 9
5 + 6 = 11
8 − 7 = 1
4 × 9 = 36
6 × 2 = 12
7 − 2 = 5
3 × 6 = 18
6 + 0 = 6
9 + 9 = 18
6 × 5 = 30
16 − 7 = 9
7 × 3 = 21
2 + 8 = 10
11 − 5 = 6
2 × 3 = 6

3 × 9 = 27
4 + 2 = 6
7 + 9 = 16
8 × 5 = 40
9 − 1 = 8
12 − 8 = 4
4 + 5 = 9
8 − 3 = 5
9 × 8 = 72
1 + 2 = 3
0 × 7 = 0
9 + 3 = 12
11 − 2 = 9
8 × 3 = 24
14 − 6 = 8
9 × 7 = 63
5 + 8 = 13

141

Tag 55

9 + 6 = 15
4 × 5 = 20
11 − 9 = 2
5 × 8 = 40
5 + 5 = 10
12 − 3 = 9
6 + 2 = 8
7 − 1 = 6
8 × 8 = 64
4 + 7 = 11
4 − 2 = 2
2 × 5 = 10
5 + 1 = 6
4 × 3 = 12
5 × 6 = 30
2 + 9 = 11
12 − 5 = 7

10 − 1 = 9
3 + 7 = 10
9 × 2 = 18
5 + 4 = 9
3 × 8 = 24
7 − 3 = 4
1 + 6 = 7
14 − 7 = 7
6 − 4 = 2
7 × 7 = 49
9 + 1 = 10
3 × 4 = 12
8 + 9 = 17
12 − 7 = 5
4 + 6 = 10
5 × 3 = 15
6 + 6 = 12

8 − 0 = 8
3 + 6 = 9
4 × 2 = 8
9 × 4 = 36
6 − 2 = 4
14 − 8 = 6
7 × 4 = 28
5 + 8 = 13
11 − 4 = 7
4 × 6 = 24
3 + 1 = 4
8 + 7 = 15
13 − 5 = 8
6 × 6 = 36
11 − 9 = 2
9 × 3 = 27

142

Tag 56

8 − 7 = 1
7 + 9 = 16
3 + 3 = 6
3 × 7 = 21
5 + 5 = 10
10 − 6 = 4
1 + 8 = 9
7 × 6 = 42
11 − 5 = 6
5 × 2 = 10
3 − 1 = 2
0 + 2 = 2
12 − 8 = 4
6 × 3 = 18
2 + 9 = 11
4 × 4 = 16

7 × 2 = 14
3 + 5 = 8
14 − 7 = 7
7 − 1 = 6
4 + 6 = 10
10 − 8 = 2
5 × 6 = 30
6 + 1 = 7
5 × 8 = 40
8 − 2 = 6
7 × 1 = 7
9 + 2 = 11
7 − 4 = 3
5 + 7 = 12
3 × 4 = 12
13 − 5 = 8
6 × 9 = 54

11 − 9 = 2
3 × 6 = 18
15 − 8 = 7
2 + 8 = 10
9 − 2 = 7
8 + 5 = 13
3 + 4 = 7
2 × 7 = 14
5 − 4 = 1
9 × 8 = 72
10 − 3 = 7
8 + 2 = 10
6 × 5 = 30
14 − 6 = 8
3 + 1 = 4
5 × 4 = 20
6 + 6 = 12

145

Tag 56

6 + 2 = 8
8 − 4 = 4
3 × 5 = 15
10 − 4 = 6
9 + 6 = 15
8 × 8 = 64
1 − 1 = 0
2 × 2 = 4
4 + 2 = 6
8 + 6 = 14
7 × 3 = 21
13 − 8 = 5
8 × 7 = 56
11 − 3 = 8
4 + 7 = 11
8 × 2 = 16
3 × 9 = 27

5 − 1 = 4
7 + 8 = 15
3 + 0 = 3
4 × 7 = 28
5 + 6 = 11
9 × 6 = 54
12 − 7 = 5
8 − 3 = 5
7 + 6 = 13
4 × 5 = 20
6 − 4 = 2
2 + 7 = 9
5 × 9 = 45
11 − 6 = 5
8 + 8 = 16
7 × 5 = 35
16 − 9 = 7

8 × 5 = 40
11 − 2 = 9
5 + 9 = 14
14 − 8 = 6
6 − 2 = 4
3 + 3 = 6
6 × 2 = 12
16 − 7 = 9
3 + 7 = 10
9 × 5 = 45
1 + 5 = 6
9 + 4 = 13
9 − 3 = 6
12 − 4 = 8
13 − 6 = 7
18 − 9 = 9

146

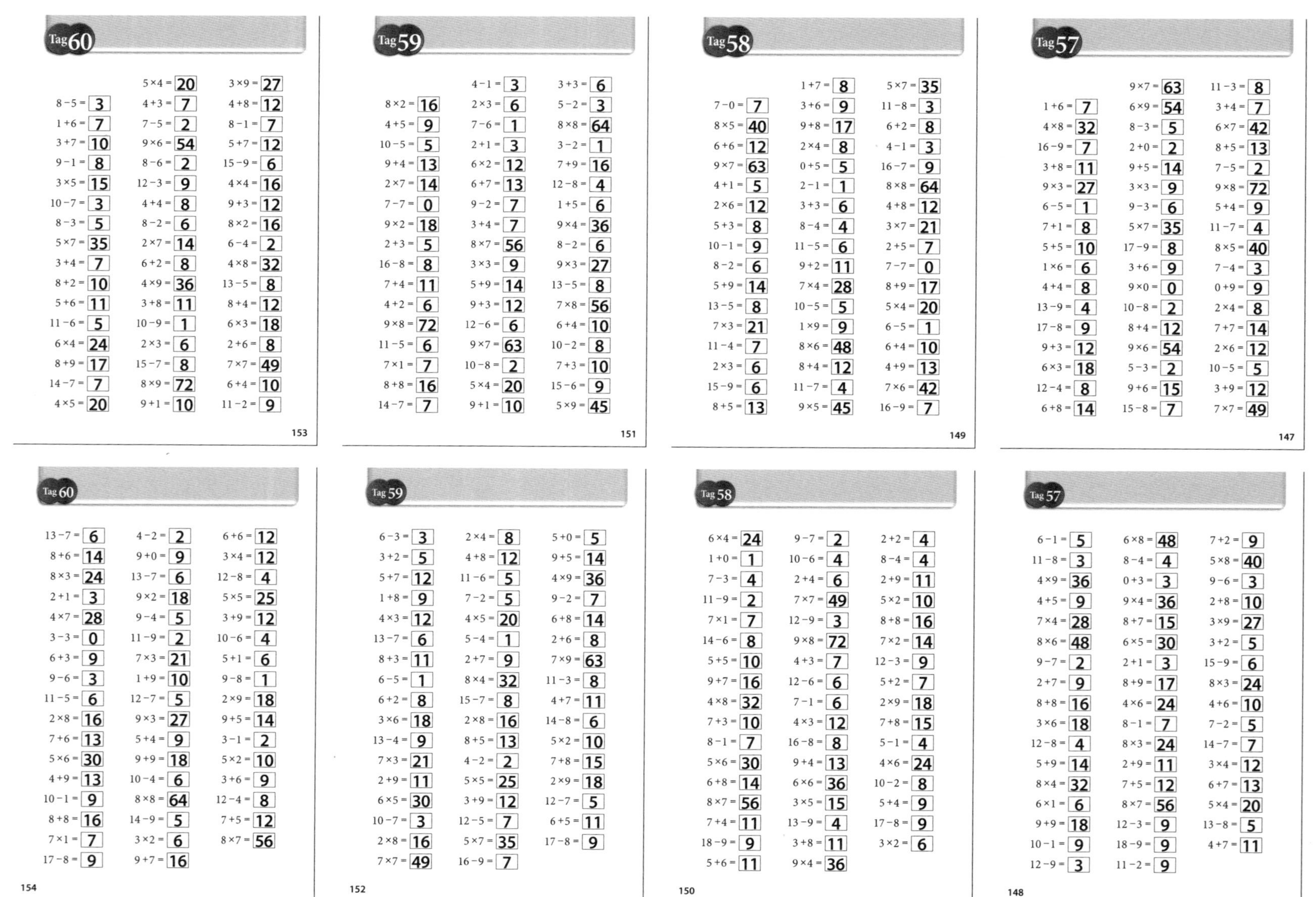

Tag 57

1 + 6 = 7
4 × 8 = 32
16 − 9 = 7
3 + 8 = 11
9 × 3 = 27
6 − 5 = 1
7 + 1 = 8
5 + 5 = 10
1 × 6 = 6
4 + 4 = 8
13 − 9 = 4
17 − 8 = 9
9 + 3 = 12
6 × 3 = 18
12 − 4 = 8
6 + 8 = 14

9 × 7 = 63
6 × 9 = 54
8 − 3 = 5
2 + 0 = 2
9 + 5 = 14
3 × 3 = 9
9 − 3 = 6
5 × 7 = 35
17 − 9 = 8
3 + 6 = 9
9 × 0 = 0
10 − 8 = 2
8 + 4 = 12
9 × 6 = 54
5 − 3 = 2
9 + 6 = 15
15 − 8 = 7

11 − 3 = 8
3 + 4 = 7
6 × 7 = 42
8 + 5 = 13
7 − 5 = 2
9 × 8 = 72
5 + 4 = 9
11 − 7 = 4
8 × 5 = 40
7 − 4 = 3
0 + 9 = 9
2 × 4 = 8
7 + 7 = 14
2 × 6 = 12
10 − 5 = 5
3 + 9 = 12
7 × 7 = 49

147

Tag 57

6 − 1 = 5
11 − 8 = 3
4 × 9 = 36
4 + 5 = 9
7 × 4 = 28
8 × 6 = 48
9 − 7 = 2
2 + 7 = 9
8 + 8 = 16
3 × 6 = 18
12 − 8 = 4
5 + 9 = 14
8 × 4 = 32
6 × 1 = 6
9 + 9 = 18
10 − 1 = 9
12 − 9 = 3

6 × 8 = 48
8 − 4 = 4
0 + 3 = 3
9 × 4 = 36
8 + 7 = 15
6 × 5 = 30
2 + 1 = 3
8 + 9 = 17
4 × 6 = 24
8 − 1 = 7
8 × 3 = 24
2 + 9 = 11
7 + 5 = 12
8 × 7 = 56
12 − 3 = 9
18 − 9 = 9
11 − 2 = 9

7 + 2 = 9
5 × 8 = 40
9 − 6 = 3
2 + 8 = 10
3 × 9 = 27
3 + 2 = 5
15 − 9 = 6
8 × 3 = 24
4 + 6 = 10
7 − 2 = 5
14 − 7 = 7
3 × 4 = 12
6 + 7 = 13
5 × 4 = 20
13 − 8 = 5
4 + 7 = 11

148

Tag 58

7 − 0 = 7
8 × 5 = 40
6 + 6 = 12
9 × 7 = 63
4 + 1 = 5
2 × 6 = 12
5 + 3 = 8
10 − 1 = 9
8 − 2 = 6
5 + 9 = 14
13 − 5 = 8
7 × 3 = 21
11 − 4 = 7
2 × 3 = 6
15 − 9 = 6
8 + 5 = 13

1 + 7 = 8
3 + 6 = 9
9 + 8 = 17
2 × 4 = 8
0 + 5 = 5
2 − 1 = 1
3 + 3 = 6
8 − 4 = 4
11 − 5 = 6
9 + 2 = 11
7 × 4 = 28
10 − 5 = 5
1 × 9 = 9
8 × 6 = 48
8 + 4 = 12
11 − 7 = 4
9 × 5 = 45

5 × 7 = 35
11 − 8 = 3
6 + 2 = 8
4 − 1 = 3
16 − 7 = 9
8 × 8 = 64
4 + 8 = 12
3 × 7 = 21
2 + 5 = 7
7 − 7 = 0
8 + 9 = 17
5 × 4 = 20
6 − 5 = 1
6 + 4 = 10
4 + 9 = 13
7 × 6 = 42
16 − 9 = 7

149

Tag 58

6 × 4 = 24
1 + 0 = 1
7 − 3 = 4
11 − 9 = 2
7 × 1 = 7
14 − 6 = 8
5 + 5 = 10
9 + 7 = 16
4 × 8 = 32
7 + 3 = 10
8 − 1 = 7
5 × 6 = 30
6 + 8 = 14
8 × 7 = 56
7 + 4 = 11
18 − 9 = 9
5 + 6 = 11

9 − 7 = 2
10 − 6 = 4
2 + 4 = 6
7 × 7 = 49
12 − 9 = 3
9 × 8 = 72
4 + 3 = 7
12 − 6 = 6
7 − 1 = 6
4 × 3 = 12
16 − 8 = 8
9 + 4 = 13
6 × 6 = 36
3 × 5 = 15
13 − 9 = 4
3 + 8 = 11
9 × 4 = 36

2 + 2 = 4
8 − 4 = 4
2 + 9 = 11
5 × 2 = 10
8 + 8 = 16
7 × 2 = 14
12 − 3 = 9
5 + 2 = 7
2 × 9 = 18
7 + 8 = 15
5 − 1 = 4
4 × 6 = 24
10 − 2 = 8
5 + 4 = 9
17 − 8 = 9
3 × 2 = 6

150

Tag 59

8 × 2 = 16
4 + 5 = 9
10 − 5 = 5
9 + 4 = 13
2 × 7 = 14
7 − 7 = 0
9 × 2 = 18
2 + 3 = 5
16 − 8 = 8
7 + 4 = 11
4 + 2 = 6
9 × 8 = 72
11 − 5 = 6
7 × 1 = 7
8 + 8 = 16
14 − 7 = 7

4 − 1 = 3
2 × 3 = 6
7 − 6 = 1
2 + 1 = 3
6 × 2 = 12
6 + 7 = 13
9 − 2 = 7
3 + 4 = 7
8 × 7 = 56
3 × 3 = 9
5 + 9 = 14
9 + 3 = 12
12 − 6 = 6
9 × 7 = 63
10 − 8 = 2
5 × 4 = 20
9 + 1 = 10

3 + 3 = 6
5 − 2 = 3
8 × 8 = 64
3 − 2 = 1
7 + 9 = 16
12 − 8 = 4
1 + 5 = 6
9 × 4 = 36
8 − 2 = 6
9 × 3 = 27
13 − 5 = 8
7 × 8 = 56
6 + 4 = 10
10 − 2 = 8
7 + 3 = 10
15 − 6 = 9
5 × 9 = 45

151

Tag 59

6 − 3 = 3
3 + 2 = 5
5 + 7 = 12
1 + 8 = 9
4 × 3 = 12
13 − 7 = 6
8 + 3 = 11
6 − 5 = 1
6 + 2 = 8
3 × 6 = 18
13 − 4 = 9
7 × 3 = 21
2 + 9 = 11
6 × 5 = 30
10 − 7 = 3
2 × 8 = 16
7 × 7 = 49

2 × 4 = 8
4 + 8 = 12
11 − 6 = 5
7 − 2 = 5
4 × 5 = 20
5 − 4 = 1
2 + 7 = 9
8 × 4 = 32
15 − 7 = 8
2 × 8 = 16
8 + 5 = 13
4 − 2 = 2
5 × 5 = 25
3 + 9 = 12
12 − 5 = 7
5 × 7 = 35
16 − 9 = 7

5 + 0 = 5
9 + 5 = 14
4 × 9 = 36
9 − 2 = 7
6 + 8 = 14
2 + 6 = 8
7 × 9 = 63
11 − 3 = 8
4 + 7 = 11
14 − 8 = 6
5 × 2 = 10
7 + 8 = 15
2 × 9 = 18
12 − 7 = 5
6 + 5 = 11
17 − 8 = 9

152

Tag 60

8 − 5 = 3
1 + 6 = 7
3 + 7 = 10
9 − 1 = 8
3 × 5 = 15
10 − 7 = 3
8 − 3 = 5
5 × 7 = 35
3 + 4 = 7
8 + 2 = 10
5 + 6 = 11
11 − 6 = 5
6 × 4 = 24
8 + 9 = 17
14 − 7 = 7
4 × 5 = 20

5 × 4 = 20
4 + 3 = 7
7 − 5 = 2
9 × 6 = 54
8 − 6 = 2
12 − 3 = 9
4 + 4 = 8
8 − 2 = 6
2 × 7 = 14
6 + 2 = 8
4 × 9 = 36
3 + 8 = 11
10 − 9 = 1
2 × 3 = 6
15 − 7 = 8
8 × 9 = 72
9 + 1 = 10

3 × 9 = 27
4 + 8 = 12
8 − 1 = 7
5 + 7 = 12
15 − 9 = 6
4 × 4 = 16
9 + 3 = 12
8 × 2 = 16
6 − 4 = 2
4 × 8 = 32
13 − 5 = 8
8 + 4 = 12
6 × 3 = 18
2 + 6 = 8
7 × 7 = 49
6 + 4 = 10
11 − 2 = 9

153

Tag 60

13 − 7 = 6
8 + 6 = 14
8 × 3 = 24
2 + 1 = 3
4 × 7 = 28
3 − 3 = 0
6 + 3 = 9
9 − 6 = 3
11 − 5 = 6
2 × 8 = 16
7 + 6 = 13
5 × 6 = 30
4 + 9 = 13
10 − 1 = 9
8 + 8 = 16
7 × 1 = 7
17 − 8 = 9

4 − 2 = 2
9 + 0 = 9
13 − 7 = 6
9 × 2 = 18
9 − 4 = 5
11 − 9 = 2
7 × 3 = 21
1 + 9 = 10
12 − 7 = 5
9 × 3 = 27
5 + 4 = 9
9 + 9 = 18
10 − 4 = 6
8 × 8 = 64
14 − 9 = 5
3 × 2 = 6
9 + 7 = 16

6 + 6 = 12
3 × 4 = 12
12 − 8 = 4
5 × 5 = 25
3 + 9 = 12
10 − 6 = 4
5 + 1 = 6
9 − 8 = 1
2 × 9 = 18
9 + 5 = 14
3 − 1 = 2
5 × 2 = 10
3 + 6 = 9
12 − 4 = 8
7 + 5 = 12
8 × 7 = 56

154

Vor dem Training: Test des präfrontalen Cortex ☐ T ☐ M

Checken Sie hier vor Trainingsbeginn die Ausgangsleistung Ihres Gehirns.

I. Test: schnell zählen

Zählen Sie von 1 bis 120 – laut und so schnell Sie können. Notieren Sie die dafür benötigte Zeit.

☐ Sekunden

II. Test: Wörter merken

Versuchen Sie sich in zwei Minuten möglichst viele der folgenden Begriffe zu merken.

Konto	Mittag	Sektion	Wanne	Ecke	Obst
Bär	Ordner	Ziegelei	Extrakt	Gedanke	Musik
Nebel	Büro	Punkt	Laden	Rad	Leben
Bruder	Papier	Rast	Sirup	Farbe	Gürtel
Gehirn	Donner	Loch	Problem	Magie	Safe

Schreiben Sie jetzt so viele Wörter in die Felder auf der nächsten Seite, wie Sie im Gedächtnis behalten haben. An wie viele konnten Sie sich erinnern?

Anzahl der gemerkten Begriffe ☐ Wörter

Test: Wörter merken – Antworten

Stroop-Test (vor Trainingsbeginn)

Machen Sie diesen Test nur einmal! Machen Sie sich zuerst anhand der untenstehenden Leiste mit dem Funktionieren des Tests vertraut. Sprechen Sie die Farbe, in der die Wörter gedruckt sind, laut vor sich hin. Wenn Sie einen Fehler gemacht haben, benennen Sie die Farbe nochmal. (Beispiel: **Rot** heißt »Blau«, **Rot** »Grün« usw.)

[So wird's gemacht]

Grün	Rot	Gelb	Grün	Blau

Haben Sie die Farben richtig benannt (Blau, Gelb, Rot, Grün und dann Gelb)? Dann geht's los. Tragen Sie zuerst Ihre Startzeit ein und benennen Sie dann für jedes Wort im grauen Kasten die Farbe, in der es gedruckt ist. Wenn Sie durch sind, tragen Sie ganz unten Ihre Zielzeit ein, und rechnen Sie aus, wie lange Sie gebraucht haben.

Startzeit ☐ : ☐

Rot	Blau	Rot	Gelb	Grün
Grün	Rot	Grün	Gelb	Blau
Grün	Blau	Grün	Gelb	Rot
Blau	Gelb	Gelb	Blau	Grün
Rot	Blau	Rot	Gelb	Grün
Grün	Gelb	Blau	Rot	Rot
Grün	Gelb	Rot	Grün	Blau
Blau	Grün	Gelb	Rot	Blau
Rot	Grün	Gelb	Gelb	Blau
Blau	Blau	Rot	Gelb	Grün

Zielzeit ☐ : ☐ **Benötigte Zeit** ☐ : ☐

Stroop-Test (Woche 1)

Machen Sie diesen Test nur einmal! Machen Sie sich zuerst anhand der untenstehenden Leiste mit dem Funktionieren des Tests vertraut. Sprechen Sie die Farbe, in der die Wörter gedruckt sind, laut vor sich hin. Wenn Sie einen Fehler gemacht haben, benennen Sie die Farbe nochmal. (Beispiel: **Rot** heißt »Blau«, **Rot** »Grün« usw.)

[So wird's gemacht]

Grün	Rot	Gelb	Grün	Blau

Haben Sie die Farben richtig benannt (Blau, Gelb, Rot, Grün und dann Gelb)? Dann geht's los. Tragen Sie zuerst Ihre Startzeit ein und benennen Sie dann für jedes Wort im grauen Kasten die Farbe, in der es gedruckt ist. Wenn Sie durch sind, tragen Sie ganz unten Ihre Zielzeit ein, und rechnen Sie aus, wie lange Sie gebraucht haben.

Startzeit ☐ : ☐

Rot	Grün	Grün	Gelb	Blau
Rot	Blau	Rot	Gelb	Grün
Gelb	Rot	Rot	Grün	Blau
Gelb	Blau	Grün	Rot	Blau
Rot	Blau	Rot	Gelb	Grün
Grün	Gelb	Rot	Grün	Blau
Blau	Blau	Gelb	Gelb	Grün
Grün	Gelb	Rot	Grün	Blau
Rot	Gelb	Blau	Grün	Gelb
Blau	Rot	Gelb	Blau	Grün

Zielzeit ☐ : ☐ **Benötigte Zeit** ☐ : ☐

Stroop-Test (Woche 2)

Machen Sie diesen Test nur einmal! Machen Sie sich zuerst anhand der untenstehenden Leiste mit dem Funktionieren des Tests vertraut. Sprechen Sie die Farbe, in der die Wörter gedruckt sind, laut vor sich hin. Wenn Sie einen Fehler gemacht haben, benennen Sie die Farbe nochmal. (Beispiel: **Rot** heißt »Blau«, **Rot** »Grün« usw.)

[So wird's gemacht]

Grün	Rot	Gelb	Grün	Blau

Haben Sie die Farben richtig benannt (Blau, Gelb, Rot, Grün und dann Gelb)? Dann geht's los. Tragen Sie zuerst Ihre Startzeit ein und benennen Sie dann für jedes Wort im grauen Kasten die Farbe, in der es gedruckt ist. Wenn Sie durch sind, tragen Sie ganz unten Ihre Zielzeit ein, und rechnen Sie aus, wie lange Sie gebraucht haben.

Startzeit ☐ : ☐

Grün	Gelb	Rot	Grün	Blau
Gelb	Grün	Grün	Blau	Rot
Rot	Rot	Gelb	Grün	Blau
Blau	Grün	Gelb	Blau	Rot
Gelb	Grün	Rot	Blau	Rot
Rot	Grün	Grün	Gelb	Blau
Gelb	Blau	Blau	Gelb	Grün
Rot	Blau	Grün	Rot	Gelb
Grün	Gelb	Blau	Gelb	Rot
Blau	Blau	Rot	Gelb	Grün

Zielzeit ☐ : ☐ Benötigte Zeit ☐ : ☐

Stroop-Test (Woche 3)

Machen Sie diesen Test nur einmal! Machen Sie sich zuerst anhand der untenstehenden Leiste mit dem Funktionieren des Tests vertraut. Sprechen Sie die Farbe, in der die Wörter gedruckt sind, laut vor sich hin. Wenn Sie einen Fehler gemacht haben, benennen Sie die Farbe nochmal. (Beispiel: **Rot** heißt »Blau«, **Rot** »Grün« usw.)

[So wird's gemacht]

Grün	**Rot**	**Gelb**	**Grün**	**Blau**

Haben Sie die Farben richtig benannt (Blau, Gelb, Rot, Grün und dann Gelb)? Dann geht's los. Tragen Sie zuerst Ihre Startzeit ein und benennen Sie dann für jedes Wort im grauen Kasten die Farbe, in der es gedruckt ist. Wenn Sie durch sind, tragen Sie ganz unten Ihre Zielzeit ein, und rechnen Sie aus, wie lange Sie gebraucht haben.

Startzeit ☐ : ☐

Blau	**Grün**	**Rot**	**Gelb**	**Grün**
Gelb	**Blau**	**Grün**	**Gelb**	**Rot**
Grün	**Gelb**	**Blau**	**Blau**	**Rot**
Gelb	**Blau**	**Grün**	**Rot**	**Blau**
Gelb	**Gelb**	**Blau**	**Blau**	**Grün**
Blau	**Grün**	**Rot**	**Rot**	**Gelb**
Blau	**Grün**	**Gelb**	**Grün**	**Rot**
Rot	**Blau**	**Rot**	**Gelb**	**Grün**
Grün	**Grün**	**Gelb**	**Rot**	**Blau**
Rot	**Gelb**	**Rot**	**Blau**	**Grün**

Zielzeit ☐ : ☐ **Benötigte Zeit** ☐ : ☐

Stroop-Test (Woche 4)

Machen Sie diesen Test nur einmal! Machen Sie sich zuerst anhand der untenstehenden Leiste mit dem Funktionieren des Tests vertraut. Sprechen Sie die Farbe, in der die Wörter gedruckt sind, laut vor sich hin. Wenn Sie einen Fehler gemacht haben, benennen Sie die Farbe nochmal. (Beispiel: **Rot** heißt »Blau«, **Rot** »Grün« usw.)

[So wird's gemacht]

Grün	Rot	Gelb	Grün	Blau

Haben Sie die Farben richtig benannt (Blau, Gelb, Rot, Grün und dann Gelb)? Dann geht's los. Tragen Sie zuerst Ihre Startzeit ein und benennen Sie dann für jedes Wort im grauen Kasten die Farbe, in der es gedruckt ist. Wenn Sie durch sind, tragen Sie ganz unten Ihre Zielzeit ein, und rechnen Sie aus, wie lange Sie gebraucht haben.

Startzeit ___ : ___

Rot	Gelb	Blau	Grün	Rot
Blau	Rot	Grün	Gelb	Blau
Rot	Blau	Gelb	Blau	Grün
Blau	Gelb	Grün	Rot	Rot
Rot	Blau	Grün	Grün	Gelb
Grün	Rot	Grün	Blau	Gelb
Gelb	Rot	Gelb	Blau	Grün
Grün	Grün	Gelb	Blau	Rot
Blau	Grün	Rot	Gelb	Rot
Gelb	Gelb	Blau	Blau	Grün

Zielzeit ___ : ___ **Benötigte Zeit** ___ : ___

Stroop-Test (Woche 5)

Machen Sie diesen Test nur einmal! Machen Sie sich zuerst anhand der untenstehenden Leiste mit dem Funktionieren des Tests vertraut. Sprechen Sie die Farbe, in der die Wörter gedruckt sind, laut vor sich hin. Wenn Sie einen Fehler gemacht haben, benennen Sie die Farbe nochmal. (Beispiel: **Rot** heißt »Blau«, **Rot** »Grün« usw.)

[So wird's gemacht]

Grün	Rot	Gelb	Grün	Blau

Haben Sie die Farben richtig benannt (Blau, Gelb, Rot, Grün und dann Gelb)? Dann geht's los. Tragen Sie zuerst Ihre Startzeit ein und benennen Sie dann für jedes Wort im grauen Kasten die Farbe, in der es gedruckt ist. Wenn Sie durch sind, tragen Sie ganz unten Ihre Zielzeit ein, und rechnen Sie aus, wie lange Sie gebraucht haben.

Startzeit ☐ : ☐

Rot	Blau	Rot	Gelb	Grün
Grün	Gelb	Rot	Grün	Blau
Blau	Blau	Gelb	Gelb	Grün
Gelb	Blau	Grün	Blau	Rot
Grün	Gelb	Rot	Grün	Blau
Grün	Grün	Rot	Gelb	Blau
Rot	Rot	Gelb	Blau	Grün
Rot	Rot	Grün	Gelb	Blau
Rot	Grün	Gelb	Gelb	Blau
Blau	Rot	Gelb	Blau	Grün

Zielzeit ☐ : ☐ **Benötigte Zeit** ☐ : ☐

Stroop-Test (Woche 6)

Machen Sie diesen Test nur einmal! Machen Sie sich zuerst anhand der untenstehenden Leiste mit dem Funktionieren des Tests vertraut. Sprechen Sie die Farbe, in der die Wörter gedruckt sind, laut vor sich hin. Wenn Sie einen Fehler gemacht haben, benennen Sie die Farbe nochmal. (Beispiel: **Rot** heißt »Blau«, **Rot** »Grün« usw.)

[So wird's gemacht]

Grün	Rot	Gelb	Grün	Blau

Haben Sie die Farben richtig benannt (Blau, Gelb, Rot, Grün und dann Gelb)? Dann geht's los. Tragen Sie zuerst Ihre Startzeit ein und benennen Sie dann für jedes Wort im grauen Kasten die Farbe, in der es gedruckt ist. Wenn Sie durch sind, tragen Sie ganz unten Ihre Zielzeit ein, und rechnen Sie aus, wie lange Sie gebraucht haben.

Startzeit ☐ : ☐

Gelb	Grün	Rot	Grün	Blau
Rot	Gelb	Blau	Rot	Grün
Rot	Rot	Blau	Grün	Gelb
Rot	Grün	Gelb	Gelb	Blau
Rot	Blau	Rot	Gelb	Grün
Grün	Gelb	Rot	Grün	Blau
Blau	Blau	Gelb	Gelb	Blau
Gelb	Blau	Grün	Rot	Blau
Grün	Gelb	Rot	Grün	Blau
Blau	Gelb	Rot	Blau	Grün

Zielzeit ☐ : ☐ **Benötigte Zeit** ☐ : ☐

Stroop-Test (Woche 7)

Machen Sie diesen Test nur einmal! Machen Sie sich zuerst anhand der untenstehenden Leiste mit dem Funktionieren des Tests vertraut. Sprechen Sie die Farbe, in der die Wörter gedruckt sind, laut vor sich hin. Wenn Sie einen Fehler gemacht haben, benennen Sie die Farbe nochmal. (Beispiel: **Rot** heißt »Blau«, **Rot** »Grün« usw.)

[So wird's gemacht]

Grün	Rot	Gelb	Grün	Blau

Haben Sie die Farben richtig benannt (Blau, Gelb, Rot, Grün und dann Gelb)? Dann geht's los. Tragen Sie zuerst Ihre Startzeit ein und benennen Sie dann für jedes Wort im grauen Kasten die Farbe, in der es gedruckt ist. Wenn Sie durch sind, tragen Sie ganz unten Ihre Zielzeit ein, und rechnen Sie aus, wie lange Sie gebraucht haben.

Startzeit ☐ : ☐

Grün	Rot	Grün	Gelb	Blau
Gelb	Grün	Blau	Gelb	Rot
Rot	Gelb	Blau	Rot	Grün
Gelb	Grün	Rot	Grün	Blau
Blau	Rot	Gelb	Blau	Grün
Rot	Blau	Rot	Grün	Gelb
Grün	Gelb	Rot	Blau	Grün
Rot	Rot	Grün	Blau	Gelb
Blau	Blau	Blau	Gelb	Gelb
Blau	Rot	Grün	Blau	Gelb

Zielzeit ☐ : ☐ **Benötigte Zeit** ☐ : ☐

Stroop-Test (Woche 8)

Machen Sie diesen Test nur einmal! Machen Sie sich zuerst anhand der untenstehenden Leiste mit dem Funktionieren des Tests vertraut. Sprechen Sie die Farbe, in der die Wörter gedruckt sind, laut vor sich hin. Wenn Sie einen Fehler gemacht haben, benennen Sie die Farbe nochmal. (Beispiel: **Rot** heißt »Blau«, **Rot** »Grün« usw.)

[So wird's gemacht]

Grün	Rot	Gelb	Grün	Blau

Haben Sie die Farben richtig benannt (Blau, Gelb, Rot, Grün und dann Gelb)? Dann geht's los. Tragen Sie zuerst Ihre Startzeit ein und benennen Sie dann für jedes Wort im grauen Kasten die Farbe, in der es gedruckt ist. Wenn Sie durch sind, tragen Sie ganz unten Ihre Zielzeit ein, und rechnen Sie aus, wie lange Sie gebraucht haben.

Startzeit ☐ : ☐

Blau	Grün	Blau	Rot	Gelb
Gelb	Grün	Grün	Rot	Blau
Grün	Gelb	Rot	Gelb	Blau
Rot	Rot	Gelb	Grün	Blau
Gelb	Blau	Blau	Blau	Gelb
Rot	Grün	Gelb	Grün	Blau
Grün	Gelb	Rot	Blau	Rot
Blau	Grün	Grün	Gelb	Rot
Rot	Rot	Grün	Gelb	Blau
Blau	Rot	Blau	Grün	Gelb

Zielzeit ☐ : ☐ **Benötigte Zeit** ☐ : ☐

Stroop-Test (Woche 9)

Machen Sie diesen Test nur einmal! Machen Sie sich zuerst anhand der untenstehenden Leiste mit dem Funktionieren des Tests vertraut. Sprechen Sie die Farbe, in der die Wörter gedruckt sind, laut vor sich hin. Wenn Sie einen Fehler gemacht haben, benennen Sie die Farbe nochmal. (Beispiel: **Rot** heißt »Blau«, **Rot** »Grün« usw.)

[So wird's gemacht]

Grün	Rot	Gelb	Grün	Blau

Haben Sie die Farben richtig benannt (Blau, Gelb, Rot, Grün und dann Gelb)? Dann geht's los. Tragen Sie zuerst Ihre Startzeit ein und benennen Sie dann für jedes Wort im grauen Kasten die Farbe, in der es gedruckt ist. Wenn Sie durch sind, tragen Sie ganz unten Ihre Zielzeit ein, und rechnen Sie aus, wie lange Sie gebraucht haben.

Startzeit ☐ : ☐

Blau	Rot	Blau	Grün	Gelb
Rot	Blau	Grün	Gelb	Rot
Gelb	Grün	Blau	Rot	Rot
Grün	Rot	Grün	Blau	Gelb
Blau	Gelb	Blau	Blau	Gelb
Blau	Grün	Rot	Gelb	Blau
Grün	Rot	Blau	Gelb	Grün
Grün	Rot	Gelb	Blau	Gelb
Gelb	Blau	Rot	Grün	Rot
Blau	Gelb	Rot	Grün	Grün

Zielzeit ☐ : ☐ **Benötigte Zeit** ☐ : ☐

Stroop-Test (Woche 10)

Machen Sie diesen Test nur einmal! Machen Sie sich zuerst anhand der untenstehenden Leiste mit dem Funktionieren des Tests vertraut. Sprechen Sie die Farbe, in der die Wörter gedruckt sind, laut vor sich hin. Wenn Sie einen Fehler gemacht haben, benennen Sie die Farbe nochmal. (Beispiel: **Rot** heißt »Blau«, **Rot** »Grün« usw.)

[So wird's gemacht]

Grün	Rot	Gelb	Grün	Blau

Haben Sie die Farben richtig benannt (Blau, Gelb, Rot, Grün und dann Gelb)? Dann geht's los. Tragen Sie zuerst Ihre Startzeit ein und benennen Sie dann für jedes Wort im grauen Kasten die Farbe, in der es gedruckt ist. Wenn Sie durch sind, tragen Sie ganz unten Ihre Zielzeit ein, und rechnen Sie aus, wie lange Sie gebraucht haben.

Startzeit ☐ : ☐

Blau	Grün	Rot	Gelb	Blau
Grün	Rot	Blau	Gelb	Grün
Gelb	Rot	Gelb	Grün	Blau
Blau	Gelb	Blau	Blau	Gelb
Rot	Gelb	Grün	Grün	Blau
Blau	Grün	Gelb	Blau	Rot
Rot	Rot	Blau	Grün	Gelb
Gelb	Blau	Grün	Rot	Rot
Grün	Blau	Rot	Gelb	Rot
Rot	Grün	Grün	Gelb	Blau

Zielzeit ☐ : ☐ **Benötigte Zeit** ☐ : ☐

Stroop-Test (Woche 11)

Machen Sie diesen Test nur einmal! Machen Sie sich zuerst anhand der untenstehenden Leiste mit dem Funktionieren des Tests vertraut. Sprechen Sie die Farbe, in der die Wörter gedruckt sind, laut vor sich hin. Wenn Sie einen Fehler gemacht haben, benennen Sie die Farbe nochmal. (Beispiel: **Rot** heißt »Blau«, **Rot** »Grün« usw.)

[So wird's gemacht]

Grün	Rot	Gelb	Grün	Blau

Haben Sie die Farben richtig benannt (Blau, Gelb, Rot, Grün und dann Gelb)? Dann geht's los. Tragen Sie zuerst Ihre Startzeit ein und benennen Sie dann für jedes Wort im grauen Kasten die Farbe, in der es gedruckt ist. Wenn Sie durch sind, tragen Sie ganz unten Ihre Zielzeit ein, und rechnen Sie aus, wie lange Sie gebraucht haben.

Startzeit ___ : ___

Gelb	Blau	Grün	Rot	Rot
Grün	Blau	Gelb	Rot	Rot
Gelb	Gelb	Blau	Blau	Blau
Blau	Grün	Rot	Blau	Gelb
Gelb	Blau	Grün	Rot	Gelb
Grün	Rot	Grün	Blau	Gelb
Rot	Rot	Blau	Gelb	Grün
Rot	Gelb	Grün	Grün	Blau
Rot	Grün	Grün	Gelb	Blau
Blau	Grün	Rot	Blau	Gelb

Zielzeit ___ : ___ **Benötigte Zeit** ___ : ___

Stroop-Test (Woche 12)

Machen Sie diesen Test nur einmal! Machen Sie sich zuerst anhand der untenstehenden Leiste mit dem Funktionieren des Tests vertraut. Sprechen Sie die Farbe, in der die Wörter gedruckt sind, laut vor sich hin. Wenn Sie einen Fehler gemacht haben, benennen Sie die Farbe nochmal. (Beispiel: **Rot** heißt »Blau«, **Rot** »Grün« usw.)

[So wird's gemacht]

Grün	**Rot**	**Gelb**	**Grün**	**Blau**

Haben Sie die Farben richtig benannt (Blau, Gelb, Rot, Grün und dann Gelb)? Dann geht's los. Tragen Sie zuerst Ihre Startzeit ein und benennen Sie dann für jedes Wort im grauen Kasten die Farbe, in der es gedruckt ist. Wenn Sie durch sind, tragen Sie ganz unten Ihre Zielzeit ein, und rechnen Sie aus, wie lange Sie gebraucht haben.

Startzeit ☐ : ☐

Rot	**Gelb**	**Grün**	**Blau**	**Rot**
Rot	**Rot**	**Gelb**	**Grün**	**Blau**
Blau	**Gelb**	**Rot**	**Blau**	**Grün**
Grün	**Grün**	**Rot**	**Blau**	**Gelb**
Gelb	**Blau**	**Grün**	**Rot**	**Gelb**
Blau	**Gelb**	**Rot**	**Blau**	**Grün**
Grün	**Blau**	**Gelb**	**Rot**	**Rot**
Gelb	**Blau**	**Blau**	**Gelb**	**Blau**
Grün	**Grün**	**Rot**	**Gelb**	**Blau**
Rot	**Grün**	**Grün**	**Gelb**	**Blau**

Zielzeit ☐ : ☐ **Benötigte Zeit** ☐ : ☐

Meine Trainingstabelle

Tagesaufgaben

Die Medaillenränge: Gold, Silber, Bronze

Min : Sek	
Tag 60	
Tag 59	
Tag 58	
Tag 57	
Tag 56	
Tag 55	
Tag 54	
Tag 53	
Tag 52	
Tag 51	
Tag 50	
Tag 49	
Tag 48	
Tag 47	
Tag 46	
Tag 45	
Tag 44	
Tag 43	
Tag 42	
Tag 41	
Tag 40	
Tag 39	
Tag 38	
Tag 37	
Tag 36	
Tag 35	
Tag 34	
Tag 33	
Tag 32	
Tag 31	

Test des präfrontalen Cortex

Test: schnell zählen

Min : Sek					
Woche 12					
Woche 11					
Woche 10					
Woche 9					
Woche 8					
Woche 7					
Woche 6					
Woche 5					
Woche 4					
Woche 3					
Woche 2					
Woche 1					
vor Trainingsbeginn	0:30	1:00	1:30	2:00	2:30

Test: Wörter merken

Anzahl der gemerkten Begriffe						
Woche 12						
Woche 11						
Woche 10						
Woche 9						
Woche 8						
Woche 7						
Woche 6						
Woche 5						
Woche 4						
Woche 3						
Woche 2						
Woche 1						
vor Trainingsbeginn	5	10	15	20	25	30

Meine Trainingstabelle

	1:00	1:30	2:00	2:30	3:00	3:30	4:00	4:30	5:00
Tag 30									
Tag 29									
Tag 28									
Tag 27									
Tag 26									
Tag 25									
Tag 24									
Tag 23									
Tag 22									
Tag 21									
Tag 20									
Tag 19									
Tag 18									
Tag 17									
Tag 16									
Tag 15									
Tag 14									
Tag 13									
Tag 12									
Tag 11									
Tag 10									
Tag 9									
Tag 8									
Tag 7									
Tag 6									
Tag 5									
Tag 4									
Tag 3									
Tag 2									
Tag 1									

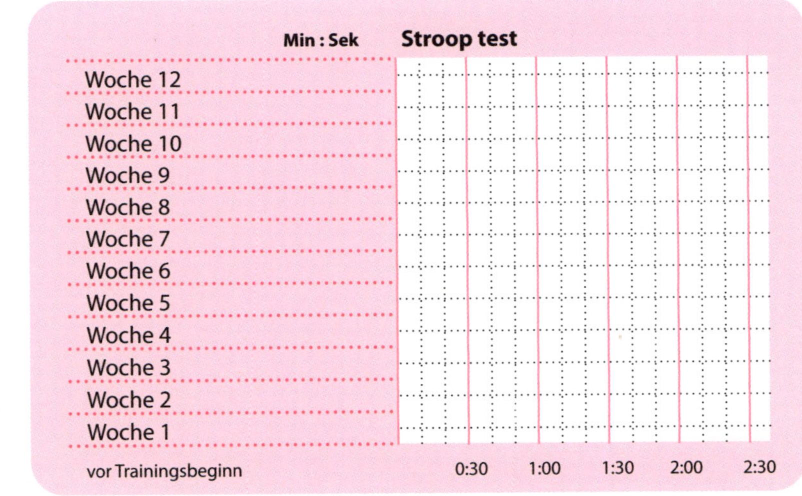

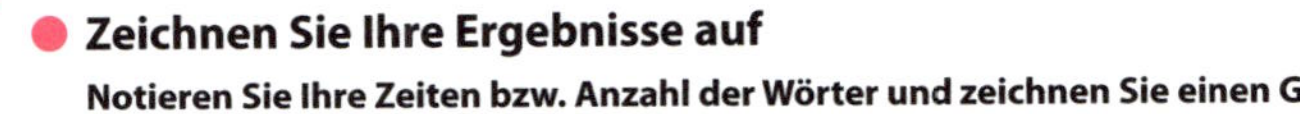

Zeichnen Sie Ihre Ergebnisse auf

Notieren Sie Ihre Zeiten bzw. Anzahl der Wörter und zeichnen Sie einen Graph!

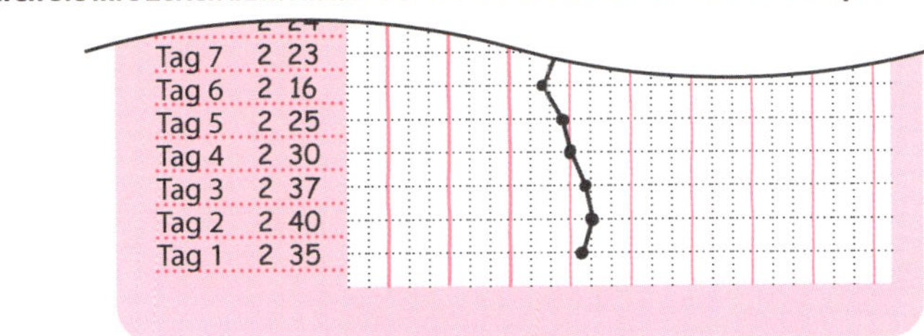

Die erzielten Ergebnisse variieren von Person zu Person. es kann sein, dass Sie für mehrere Wochen keine Veränderung registrieren – nehmen Sie das als positives Zeichen: Ihr Gehirn arbeitet stabil. Irgendwann werden Sie immer eine Verbesserung wahrnehmen. Am besten ist es, wenn Sie die Übungen zur immer gleichen Tageszeit und unter vergleichbaren Umständen ausführen. So erzielen Sie einigermaßen objektivierbare Ergebnisse.

Notizen

Notizen

Notizen